トッポギの餅を
おかずからデザートまで
フル活用

とっておき！
## トッポギ料理 100

趙 善玉 ＋ 韓パラム

# 目次

はじめに　趙善玉　4

## Part 1 トッポギの基礎知識

韓国の餅文化　6
トッポギとは　7
カレトックの作り方　8
おいしい「だし」をとる　10

下味をつけて、さらにおいしく　11
保存するときは　11
トッポギ料理が余ったら　11
便利な市販のトッポギ　12

## Part 2 厳選トッポギ料理

### 趙 善玉

明太トッポギスープ　14
海鮮トッポギ　16
チャジャントッポギ　17
ヤンニョムケジャントッポギ　18
ラポギ　19
玉ねぎとウインナのミルク煮　20
かに玉スープ　21
にんにくの芽のあえ物　22
簡単マヨしょうゆ煮込み　23
ウインナと野菜の甘辛煮　24
五色トッポギ串　25
じゃがいもの甘煮　26
カレートッポギ　27
トックカルビ巻き　28
牛肉とにんにくのトッポギ　29
茎わかめの甘酢あえ　30
プルコギと大葉のさっと煮　31
えごまの葉蒸し　32
くるみあえ　33
黒ごまソース煮込み　34
トックのいか巻き揚げ　35
こんにゃくのしょうゆ煮　36
小松菜と明太子のスープ煮　37
タッカンジョン風トッポギ　38
トッポギピザ　39
いいだこの串焼き　40
鶏と野菜のコチジャン煮　41

カレトックのシンプルおやつ　42
チョコがけトッポギ　43
餅入りフルーツヨーグルト　43

### 宮川昌子

わたりがにの甘辛炒め　44
手羽先の炒め物　ゆず茶風味　46
巻き巻き串焼き　47
たいと野菜のそば巻き　48
まぐろの酢コチュジャンあえ　49
やまいものふわふわ焼き　50
キムチと豚肉の炒め物　51
あさりと干しだらのスープ　52
トッポギの黒ごまソース　53

### 本田朋美

とろろトッポギ　54
チャンプルー　56
焼きトッポギ鍋　57
湯葉巻き　58
納豆トッポギ　59
いも焼き　60
サーモンのこぶ巻き　61
かきの治部煮　62
たくあんのぜいたく煮　63
釜玉トッポギ　64

# Part ❸ 私のトッポギ 私の味

### 星野久美子
- 冬瓜スープ　66
- なすのだし煮　68
- 大学芋　69
- 田舎のお雑煮　70
- 二色天ぷら　71

### 中村ひかる
- マッシュルームの香草焼き　72
- いか芋煮　74
- トマたまスープ　75
- 手羽中ヤンニョムチキン　76
- 根菜栄養汁　77

### 小幡洋子
- 豚肉のコーラ煮ポッサム風　78
- 鶏とねぎのみそカレー煮　80
- みそ煮おでん　81
- トッポギ田楽　82
- 野菜と雪だるまのバーニャカウダー　83

### 宝珠千可
- 五色トッポギともやしのあえ物　84
- トッポギチャプチェ　86
- 具だくさんえごまスープ　87
- 豆腐と野菜の炒め物　88
- ごぼう炒め　89

### 野原由美
- 餅チヂミサンド　90
- コーヒーカレトックカナッペ　92
- くるくるトッポギ　93
- 韓国のりトッポギ　94
- コーヒーフォンデュ　95

### 西山睦美
- えごまの葉のジェノベーゼ　96
- 牛肉巻き　マルサラソース　98
- スンデのアマトリチャーナ　99
- ミネストローネ　100
- イタリアン春巻き　101

### 大島芽美
- かきとねぎの韓国風グラタン　102
- 揚げトッポギと新鮮野菜のサラダ　104
- エホバクと豚ひき肉のコチュジャン炒め　105
- 鶏肉と野菜のしょうが茶煮　106
- トッポギの海鮮みそプレート　107

### 丁　多憙
- 鍋トッポギ　108
- 揚げトッポギの甘辛ソース　110
- スンデ野菜炒め　111
- 油トッポギ　112
- 三色のり巻き揚げ　113

### 李　進鎬
- プルコギトッポギ　114
- トッポギキムチ炒飯　116
- 鶏とにんにくの照り焼き風味炒め　117
- 野菜たっぷりカルボナーラ風　118
- 肉野菜のチャンジャ炒め　119

### 高　仁淑
- かきのオイスターソース炒め　120
- ごまトッポギの中華風なますのせ　122
- おろしれんこんのスープ　123
- 肉だんごと野菜のとろみ炒め　124
- 卵とえびとトマトの炒め物　125

料理をおいしく！ おすすめ食材　126

- ●計量単位は1カップ＝200cc、大さじ1＝15cc、小さじ1＝5ccです。
- ●塩は精製していない粗塩を使っています。普通の食塩を使う場合は量を少し控えめにしてください。

> はじめに

# 料理教室のメンバーで
# 作り上げた珠玉の本

　5年ほど前、ある企業からトッポギを使った料理の開発を依頼され、さまざまな料理を考えては作り、考えては作りを繰り返していました。消費者を集めて試食会もやったのですが、まだ日本人の間では「トッポギって何?」という時代。時が早すぎました。トッポギが急速に知られるようになったのはこの数年です。

　そのときに開発した数十点にのぼるトッポギ料理は日の目を見ずじまいでしたが、それが本当においしくて、そのままにしてしまうのはあまりにもったいないと思いました。だったら、いずれ時が来たら、この料理を本にして世に出そう。そう思っているうちに、ついにその時がやってきました。

　私は、私の料理教室に通う韓国料理研究家やそれを目指す人たちと、「韓パラム」というグループを作って、韓国料理の開発と幅広い普及を目指しています。トッポギの料理をよりバラエティー豊かにするため、この本をグループ全員で取り組み、作り上げることにしました。

　それぞれのメンバーが自分のテーマに沿った料理を考案。試作、修正を何度も重ね、最終的なレシピを完成させていきました。料理それぞれにメンバーの並々ならぬ思いが込められています。どれもがおいしくて、トッポギのよさが生かされた素晴らしい本になりました。

　トッポギは今や屋台の代表選手ですが、もともとは家でお母さんが作ってくれるものでした。今回、「お母さんの気持ちで作ってね」とみんなに提案しました。時代はどんどん変わっていきますが、トッポギの精神は原点に戻ってみたかったのです。

　志を同じにするメンバーと一緒に本作りができたことを心から嬉しく思うと同時に、この本を手にとってくださった皆さまが、トッポギ料理のおいしさと幅広さをご堪能いただけますよう心から願っております。

2013年9月
趙善玉料理研究院院長　趙　善玉

## Part 1

# トッポギの 基礎知識

トッポギは韓国の代表的なファストフード。
この本はトッポギの餅を使ってさまざまな料理を展開します。
まずは、トッポギとは何か、作り方は、そしておいしく食べるには
どんなポイントがあるかをご紹介します。

 # 韓国の餅文化

　韓国人は皆、トック（餅）が大好きです。昔は各家庭でお母さんが作ってくれたものでした。トックの種類は多く、味、形、色、香りはそれぞれに独特で、季節や地方によってさらにその数は増えます。おやつや食事の一環としてだけでなく、結婚式や誕生日などのお祝いごとや悲しみのときにも食べられてきました。トックは韓国人の一生の中に深く存在し、まさに喜怒哀楽をともにしながら発達した食べ物と言っても過言ではありません。

　トックの生地はもち米やうるち米の粉で作られ、そこに豆やナッツ、果物や野菜、花や漢方材料などが加えられてバリエーション豊かなものになりました。自然の素材を使い、栄養的にも優れている点はまさに韓国の「薬食同源」の考え方に沿った食べ物です。

　長く愛されてきた餅には、韓国の情緒や文化が詰まっています。餅はもともと隣人や友人と分け合って食べるものでした。誕生祝いなどの宴会を開いた家では、お客さんたちが帰るときに食べ物を包んで渡す風習がありますが、このとき必ず包むものがトックです。友情、思いやり、感謝などの気持ちを表すものとしてトックが存在してきたのです。お互いの情をトックで分け合う、この美しい風習は今でもしっかりと韓国で受け継がれています。

Part 1　トッポギの基礎知識

 # トッポギとは

　トッポギ（떡볶이）のトッは餅（トック）、ポギは炒めるという意味です。トッポギは小指大のトック（餅）をコチュジャンや砂糖で甘辛く炒めた韓国の庶民料理で、屋台の定番メニューとして絶大な人気があります。しかし、その名が日本人にも知られるようになると、料理名というよりも、この小指大の餅がトッポギの名前で呼ばれるようになりました。この本も料理の材料として餅をトッポギと表記しています。

　トッポギはカレトックといううるち米で作った餅（作り方は8ページ）から作ります。小指大に成形したものがトッポギ、太く伸ばして薄切りにしたものがトックと呼ばれています。

　「トッポギは小さいころからおやつとして、お母さんがよく作ってくれました」と趙善玉先生は言います。「夕食の後でも、あの甘辛味が夜食として欲しくなる。トッポギは別腹だったのね」と言うほど、よく食べたそうです。また、この本に参加している韓国人料理家の皆さんも「トッポギは屋台でよく食べました。懐かしい！」と口をそろえて言います。まさに韓国人のソウルフードです。

　トッポギは日本でもとてもポピュラーになり、普通のスーパーにも置かれるようになりました。韓国食材専門のスーパーやサイトではさらにいろいろな種類が売られています。もちもち感を利用して多彩な料理にチャレンジできるようになりました。

写真提供　韓国観光公社

 ## カレトック（가래떡）の作り方

トッポギを手作りにするには、まずカレトックを作ります。材料も作り方もいたってシンプルなだけに丁寧な作業が必要です。料理に合わせてさまざまに成形します。

材料
- 米粉　5カップ
- 塩　大さじ 1/2
- 水　1/2 カップ

### 作り方

**1** 大きめのボウルに米粉と塩を入れて混ぜ、水を1カ所に入れず、全体に回しかける。

**2** 手でよく混ぜ合わせる。目安は手でしっかり握ると固まるくらいのかたさ。水が足りなければたす。

**3** 蒸し器にぬれ布巾を敷いて生地を入れ、強火にかけて湯気が出てから20分程度蒸す。

Part 1　トッポギの基礎知識

## トッポギの作り方

カレトックを転がしながら、さらに小指くらいの太さに細長く伸ばす。ヘラで6cmくらいずつ斜めに切る。

### トックッ（餅スープ）に使うには

直径3cmくらいの太い棒状に成形する。1日乾燥させてから包丁で斜め薄切りにする。

### 3色カレトックの作り方

1. 左記の分量で作った生地を蒸し、練り終わったら3等分する。
2. 1つは白のまま、あとの2つにそれぞれかぼちゃの粉大さじ1/2、よもぎの粉小さじ1などを加えてよく練り込み、色を出す。好みの粉を使ってさまざまな色がつけられる。

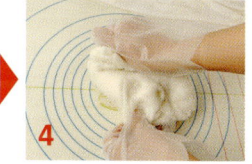
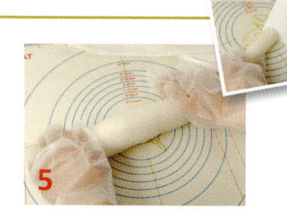

**4** 蒸し上がったら熱いうちに取り出し、ビニール手袋をしてよく練る。熱ければ軍手を使ってもよい。

**5** しっかりと生地を練ったら、転がしながら細長く伸ばし、ドレッジなどで適当な長さに切る。

**6** 手で角を抑えながら形を整えるとカレトックの出来上がり。好みの形にしたり、色をつけたりする。

# おいしい「だし」をとる

トッポギの餅の味はとても淡白です。だからこそ料理にしたときにおいしさを引き立てるのがうまみの詰まった「だし」です。韓国料理で使われる4つの定番だしをご紹介します。肉のだしのように時間がかかるものはたっぷり作って小分けにし、冷凍保存すると便利です。

### 韓国でいちばんポピュラーなだし
## 牛肉だし

①牛もものかたまり肉1kgはたっぷりの水に1時間ほどつけて血を抜く（写真）。途中、水を2、3回取り替える。②一度ゆでこぼし、再び肉を鍋に入れて、にんにく、玉ねぎ、長ねぎ（緑の部分）酒、こしょうを入れて、3ℓの水を加えて約1時間煮て、こす。※スープやユッケジャンなどに使う。残った牛肉はスープの具にしたり、甘辛く煮付けたりする。

### 独特の方法で甘みを引き出す
## かつおだし

①水2ℓを沸騰させ、火をとめてからかつお節50gを入れる（写真）。②充分置いてからこす。※そうめんやおかゆのだし、ドレッシングのベースにも使える。火をとめてからかつお節を入れるとにがみが出ず、甘みを引き出すことができる。

### 一度ゆでこぼして臭みをとる
## 鶏がらだし

①鶏がら500gは洗ってから一度ゆでこぼす。②水3ℓに鶏がら、玉ねぎ、長ねぎ、酒を入れてふたをし、1時間煮て、こす（写真）。※ほかのだしに比べると、出番は少ないが、みそチゲや各種ソースのベースや冷麺のスープなどに使われる。

### 沸騰しても煮続けるのが韓国式
## 昆布だし

①昆布20cmの表面をふいて、水1ℓに入れて火にかける（写真①）。沸騰したら、あくをとりながら（写真②）煮て、昆布のうまみを充分に出してから火をとめる。※そうめんや、各種スープのだし、キムチチゲに使う。キムチ作りに利用することも。

Part 1　トッポギの基礎知識

# 下味をつけて、さらにおいしく

トッポギをそのまま調理をすると、ほかの調味料となじみが悪く米の味が浮いてしまいがちです。それをカバーするために下味をつけましょう。バランスのよい味わいになります。

### 塩とごま油

トッポギ20本に対して、ごま油大さじ1/2、塩小さじ1/2〜1をからめ、10分ほど置く。料理が白っぽいとき、トッポギの白さを生かしたいときに。

### しょうゆとごま油

トッポギ20本に対して、ごま油大さじ1/2、しょうゆ1をからめ、10分ほど置く。料理が濃い色の場合はこちらで。塩、しょうゆは好みで使い分ける。

### 保存するときは

トッポギの冷蔵保存はせいぜい5日。しかも、かたくなります。おすすめは冷凍保存です。トッポギは冷凍しても触感や味が変わりません。新鮮なうちにジッパー付きの専用袋に入れて冷凍し（写真）、1カ月をメドに食べきりましょう。解凍するときは袋のまま水に浸けて戻し、水に浸けたり、ゆでこぼしたりして使います。凍ったままスープなどに入れると割れることがあります。

### トッポギ料理が余ったら

トッポギの料理が余ると、トッポギだけがかたくなってしまいます。そのまま冷蔵庫で保存し、翌日鍋に入れて水を加え（写真）、火にかけます。煮ているうちにトッポギがやわらかくなりますから、調味料を少したして野菜を加え、仕上げにごま油をたらすと、もう1回トッポギ料理が楽しめます。

11

## 便利な市販のトッポギ

トッポギの人気が高まるにつれ、市販品の種類も増えました。韓国政府はトッポギ産業の育成政策をとり、2009年にはトッポギ研究所を設立し、トッポギフェスティバルの定期開催を始めました。このため、韓国国内でもトッポギの種類が増え、さまざまなトッポギ料理が楽しめるようになりました。長さ6cmほどの小指大のものが一般的ですが、雪だるま、星、ハートなどのかわいい形のものや、チーズ入り、さまざまな色のついたものなどが売られています。韓国食材専門の店やスーパー、ネットでも手に入りますが、最近では普通のスーパーでも見かけるようになりました。

### 市販のトッポギを上手に使うには

1

2

おいしく食べるにはいくつかのステップがあります。

**①水に浸ける**
そのまま使うと割れることがあるため、水に30分から1時間ほど浸けてやわらかくします。

**②ゆでる**
たっぷりのお湯でゆでたり塩ゆでにします（写真①）。水に浸けただけでは不充分なので、ゆでてしっかりやわらかくします。これで味が入りやすくなります。

**③洗う**
冷たい水にとって洗い（写真②）、もちもち感のある歯応えを残します。

**④下味をつける**
水気をきって、下味をつけます（11ページ参照）。

## Part 2
# 厳選 トッポギ料理

活躍中の韓国料理研究家3名によるトッポギ料理をご紹介します。
日韓の食材を駆使し、簡単なようで奥深い料理が誕生しました。
日本人、韓国人、どちらの口にも合うように、
細かい工夫がなされています。さあ、作ってみましょう！

### 趙 善玉 チョ・ソンオク

トッポギをもっと料理に使えないかと考え始めたころ、明太子とわかめ、牛肉スープという韓国料理の定番食材と合わせてみたら、「わあ、ぴったり！」と驚きの結果に。この料理がスタートの一品となり、がぜんトッポギ料理への開発意欲がわいてきました。この組み合わせはまさに韓国の母の味。私は母の味をもとに、トッポギを使ったご飯に合うおかずと人気の一品料理をご紹介します。

滋養、栄養、おいしさがミックス
# 明太トッポギスープ

**材料（2人分）**

- トッポギ　100g
  （市販の6cmのもの10本）
- 牛肉だし　3カップ（作り方は10ページ）
- 乾燥わかめ　3g
- 明太子　70g
- にんにくのみじん切り　小さじ1
- 牛乳　1カップ
- 玉ねぎエキス　大さじ2
- しょうゆ　小さじ1
- 塩　小さじ1/2

※玉ねぎエキスは趙善玉のオリジナル酵素エキス。代用は砂糖で。

1. トッポギは水にしばらく浸けてから（写真①）、水気をきる。
2. わかめは水で戻す。明太子はざく切りにする。
3. 牛肉だしを鍋に入れ、にんにくとトッポギを入れて沸かし、わかめと明太子を入れて牛乳を加え（写真②）玉ねぎエキス、しょうゆ、塩で調味する。

**point** 牛乳が入って味がまろやかになります。時間のないときのために、牛肉だしは冷凍したものがあると便利です。

いかとえびでうまみたっぷり
# 海鮮トッポギ

材料（2人分）
- トッポギ　120g
  （市販の6cmのもの12本）
- いか　1/4 ぱい
- えび　60g
- キャベツ　1/8 個
- 玉ねぎ　1/4 個
- にんじん　1/5 本
- 卵　2個
- ごま油　大さじ1
- ごま　大さじ2
- ヤンニョム（コチュジャン大さじ2
  　水あめ大さじ2
  　唐辛子の粉大さじ1
  　しょうゆ大さじ1
  　はちみつ大さじ1
  　にんにくのみじん切り大さじ1
  　ごま油小さじ1
  　水1と1/2カップ）

1. トッポギは塩ゆでし、水気をきる。鍋に卵と水、酢・塩各少々（分量外）を加えて（写真①）ゆで、殻をむいて2つに切る。
2. いかは皮をむいてかのこに切り目を入れて（写真②）、食べやすい大きさに切る。
3. えびは殻をむき、大きければ2つに切る。
4. 玉ねぎは厚めに切り、にんじん、キャベツは食べやすく切る。
5. 鍋にヤンニョムを沸かし、1を加えて弱火で煮たら、4を加えて煮る。2と3を入れて火を通してゆで卵を加え、ごま油とごまを混ぜる。

 いかもえびも火を通しすぎるとかたくなるので、さっと煮ます。

Part 2　厳選 トッポギ料理

韓国ドラマでおなじみチャジャン麺をアレンジ
# チャジャントッポギ

材料（2人分）
- トッポギ　120g
  （市販の6cmのもの12本）
- 韓国おでん　2枚
- キャベツ　1/8 個
- にんじん　1/5 本
- 玉ねぎ　1/2 個
- ごま油　大さじ2
- チャジャンソース　1/2 カップ
- しょうゆ　小さじ1

1 トッポギはゆでて水で洗い、水気をきる。
2 韓国おでん、キャベツ、にんじん、玉ねぎは食べやすい大きさに切る。
3 ごま油大さじ1で 2 を炒め、チャジャンソースとしょうゆ、水2カップを入れて沸かし、弱めの中火で10分ほど煮る。最後にごま油大さじ1を加える。
4 器にトッポギを入れ、3 をたっぷりとかける。

 好みで豚肉、ベーコン、ハムを加えても。その場合は先に炒めます。

おなじみケジャンをアレンジ
# ヤンニョムケジャントッポギ

材料（2人分）
- トッポギ　100g
  （市販の6cmのもの10本）
- わたりがに（生食用）　300g
- 青・赤唐辛子　各1本
- 長ねぎ　1本
- ごま　大さじ1
- しょうゆ　大さじ4
- トッポギ下味用ヤンニョム
  （ごま油小さじ1　しょうゆ小さじ1/2）
- 味付け用ヤンニョム
  （コチュジャン大さじ3　水あめ大さじ1
  梅エキス大さじ1　唐辛子の粉大さじ1
  ねぎのみじん切り大さじ1
  にんにくのみじん切り大さじ1
  玉ねぎのすりおろし1/4個分
  しょうがのみじん切り小さじ1
  ごま油小さじ1）

※梅エキスは趙善玉のオリジナル酵素エキス。代用は砂糖で。

1　トッポギはゆでて水にとり、水気をきってから下味をつける。
2　長ねぎは1/2本分を5cm長さに切り4つ割にする。
3　唐辛子は斜め薄切り、残った長ねぎも同様に切る。
4　わたりがには洗って、食べやすい大きさに切ってボウルに入れる。しょうゆを注ぎ、2を加えて、1時間ほど置く。
5　味付け用のヤンニョムを混ぜる。
6　かにの水気をきってヤンニョムであえ、1を混ぜ合わせる。3とごまを加えて全体によく混ぜる。

　韓国ではわたりがにを生で食べます。しょうゆで下味をつけるので味に深みが出て、さらにおいしくなります。

Part 2 厳選 トッポギ料理

ラーメン＋トッポギ＝ダブルのおいしさ！
# ラポギ

材料（2人分）
- トッポギ　100g
  （市販の6cmのもの10本）
- 即席ラーメンの麺　1個
- 韓国おでん　2枚
- 玉ねぎ　1個
- キャベツ　1/6個
- 長ねぎ　1/2本
- 煮干し（大）　7匹
- ヤンニョム（コチュジャン大さじ4
  　水あめ大さじ2
  　しょうゆ大さじ1
  　にんにくのみじん切り大さじ1
  　唐辛子の粉大さじ1/2
  　はちみつ大さじ1/2）
- ごま油　大さじ1
- ごま　大さじ2

1　トッポギは水に浸けておく。
2　煮干しは頭、わたをとって乾煎りし、水5カップを加えて15分ほど煮てこす。
3　おでんは2cm角に切る。玉ねぎは太めの細切り、キャベツは四角に切る。長ねぎは斜めに切る。
4　ヤンニョムを混ぜ合わせておく。
5　鍋に2と4を入れて沸かす。トッポギを水気をきって加え（写真①）、火を通したらおでん、ラーメン（写真②）、玉ねぎ、キャベツを入れて煮立てる。塩で味を調え、仕上げに長ねぎを加えてごま油とごまをふる。

**point**　麺がやわらかくなりすぎないように、材料をそろえて手早く調理しましょう。

牛乳入りでまろやかな味わい
# 玉ねぎとウインナのミルク煮

材料（2人分）
- トッポギ　120g
  （市販の6cmのもの12本）
- ウインナソーセージ　4本
- ベーコン　20g
- 玉ねぎ　1個
- ごま　小さじ1
- えごま油　大さじ1/2
- トッポギ下味用ヤンニョム
  （ごま油小さじ1　塩小さじ1/2）
- 味付け用ヤンニョム（牛乳1/2カップ
  しょうゆ大さじ1/2
  にんにくのみじん切り小さじ1
  ごま油小さじ1
  バナナエキス大さじ1と1/2）

※バナナエキスは趙善玉のオリジナル酵素エキス。代用は砂糖で。

1　トッポギは水に30分ほど浸けてから塩ゆでし、冷水にとって水きりする。下味用のヤンニョムをからめる。
2　ウインナソーセージは1.5cm幅に切り、ベーコンは1cm角に切ってえごま油でさっと炒める（写真①）。
3　玉ねぎはせん切りにする。
4　炊飯器CUCKOOに**1〜3**と味付け用のヤンニョム、水1カップを入れ110℃で15分加熱する。
5　全体に混ぜて（写真②）、ごまをふる。

**point**　炊飯器CUCKOOは調理もできる韓国製の炊飯器。日本にも輸入されています。詳しくは趙善玉研究院までお問い合わせを。厚手の鍋でも代用できます。

Part 2　厳選トッポギ料理

餅入りのボリューム汁
# かに玉スープ

材料（2人分）

- トッポギ　100g
  （市販の6cmのもの10本）
- かに缶　150g
- 卵　1個
- ねぎのみじん切り　大さじ1
- 万能ねぎ　1/2本
- サラダ油　適量
- ヤンニョム
  （酒大さじ2
  　しょうゆ大さじ1/2
  　塩小さじ1/4
  　こしょう少々）

1　トッポギは1cmくらいに切る。
2　万能ねぎは小口切りにする。
3　サラダ油でねぎのみじん切りを炒め、かにを缶汁ごと加えて炒め合わせる。水3カップと **1** を加えて煮立て、ヤンニョムで味付けをする。
4　卵を溶きほぐして加え、火が通ったら器に盛って万能ねぎをのせる。

**point**　かにを加えたら、手早く調理しましょう。火を通しすぎると身がかたくなってしまいます。

くせのあるにんにくの芽がぐっとおいしく
# にんにくの芽のあえ物

材料（2人分）
- トッポギ　120g
   （市販の6cmのもの12本）
- にんにくの芽　100g
- トッポギ下味用ヤンニョム
   （ごま油大さじ1/2　塩小さじ1/2）
- にんにくの芽用ヤンニョム（酢大さじ1
   塩大さじ1　砂糖小さじ1
   水1/2カップ）
- 味付け用ヤンニョム（唐辛子の粉大さじ1
   コチュジャン大さじ1
   カナリエキス大さじ1
   玉ねぎエキス大さじ2
   ごま小さじ2）

※カナリエキスは韓国西海岸のカナリ（イカナゴ）を長時間発酵させたエキス。ネットや韓国食材店で手に入りますが、なければ塩小さじ1で代用。玉ねぎエキスは趙善玉のオリジナル酵素エキス。代用は砂糖で。

1 トッポギは塩ゆでし、水洗いして水気をきる。下味用ヤンニョムをからめておく。
2 にんにくの芽は2cmに切って、下味用のヤンニョムに1時間ほど浸ける。
3 味付け用のヤンニョムを混ぜ合わせる。
4 2を絞って3に混ぜ、1を加えて全体に混ぜ合わせる。

 にんにくの芽は酢に浸けることで生でも食べられるようになります。必ずヤンニョムに浸けてください。

Part 2　厳選 トッポギ料理

<small>さきいかがうまみを増す</small>
# 簡単マヨしょうゆ煮込み

材料（2人分）
- トッポギ　120g
  （市販の6cmのもの12本）
- 乾燥わかめ　5g
- さきいか　20g
- ヤンニョム（マヨネーズ大さじ2
  　しょうゆ大さじ1
  　水あめ大さじ1
  　りんごエキス小さじ1
  　にんにくのみじん切り小さじ1/2
  　塩少々）

※りんごエキスは趙善玉のオリジナル酵素エキス。代用は砂糖で。

1　トッポギは水に30分ほど浸け、ざるに上げて水気をきる。
2　鍋にヤンニョムの材料と水1カップ、トッポギを入れて煮立て、わかめとさきいかを加えて汁気が少なくなるまで煮る。

 さきいかがかたかったら、最初から加えて煮ます。

23

ウインナのうまみでおいしく
# ウインナと野菜の甘辛煮

材料（2人分）
- 好みの形のトッポギ　120g
- ウインナソーセージ　150g
- 青、赤、黄ピーマン　各1/2個
- 玉ねぎ　1/2個
- トッポギ下味用ヤンニョム
  （ごま油小さじ1、塩小さじ1/2）
- ヤンニョム（コチュジャン大さじ2
  　砂糖大さじ2
  　ケチャップ大さじ2
  　しょうゆ大さじ1
  　にんにくのみじん切り小さじ1）

1 トッポギは塩ゆでして冷水にとり、水気をきって下味をつける。
2 ウインナソーセージは切れ目を入れる。
3 野菜はすべて2cm角に切る。
4 鍋にヤンニョムと水1/2カップを入れて沸かし、**1**と**2**を入れて煮る。汁が半分くらいになったら、**3**を加えて汁が少なくなるまで煮る。

**point** 小さい子供にはヤンニョムのコチュジャンを抜いてケチャップを大さじ3にし、塩で味を調整します。

Part 2　厳選トッポギ料理

こんがり香ばしく揚げて
# 五色トッポギ串

材料（2人分）
- 好みの5色のカレトック
  （作り方8ページ）200g
- 塩　少々
- 揚げ油　適量
- ソース用ヤンニョム
  （コチュジャン大さじ1
  ケチャップ大さじ3
  しょうゆ大さじ1/2　酒大さじ1
  梅エキス大さじ2
  にんにくのみじん切り小さじ1
  しょうがのみじん切り小さじ1/2
  水 1/2 カップ）

※梅エキスは趙善玉のオリジナル酵素エキス。代用は砂糖で。

1. カレトックは食べやすい大きさに整えて、水に浸けておく。
2. ソースの材料を鍋に入れ、とろりとするまで煮詰める。
3. **1**の水気をぬぐい、塩で下味をつけ（写真①）箸を刺して何か所か穴を開ける。
4. 揚げ油を150℃に熱し、**3**を表面がカリッとするくらいまで揚げ、5色を串に刺す（写真②）。
5. 皿に盛って、ソースをかける。

 色にこだわらず、好きな形や大きさのトッポギで、子供と一緒に作ると楽しいですよ。

25

小さいじゃがいもが手に入ったら
# じゃがいもの甘煮

材料（2人分）

- トッポギ　100g
  （市販の6cmのもの10本）
- 新じゃがまたは小さいサイズの
  じゃがいも　150g
- じゃがいも用ヤンニョム
  （昆布だし1/2 カップ
  玉ねぎエキス大さじ2
  しょうゆ大さじ1と1/2
  酒大さじ1）
- 仕上げ用ヤンニョム
  （梅エキス大さじ2
  ごま大さじ1　塩少々
  ごま油少々）

※玉ねぎエキス、梅エキスは趙善玉の
オリジナル酵素エキス。代用は砂糖で。

1. じゃがいもは洗って、皮をむかずにキッチンペーパーに包んでビニール袋に入れる。500wの電子レンジで10分加熱する（写真①）。
2. 鍋にじゃがいもを入れてヤンニョムを加え（写真②）、煮詰める。
3. トッポギをゆでて、熱いうちに 2 に加え煮汁をからめるように合わせる。仕上げ用ヤンニョムを加えて火を通せば出来上がり。

 最後はあまり煮詰めずに、てりが出てきたところで火をとめましょう。

Part 2　厳選トッポギ料理

残り野菜でカレーライス風に
# カレートッポギ

材料（2人分）

- トッポギ　120g
  （市販の6cmのもの12本）
- 牛肉　100g
- 玉ねぎ　1/2個
- にんじん　1/5本
- 長ねぎ　1/2本
- ごま油　少々
- にんにくのみじん切り　小さじ1
- 即席カレールー　3片
- しょうゆ　大さじ1
- ぶどうジュース　1/2カップ
- 水　2カップ

1　トッポギは水に30分ほど浸けてから水気をきる。
2　牛肉は水に浸けて血を抜き、食べやすい大きさに切ってさっと下ゆでする。
3　野菜はすべて食べやすい大きさに切る。
4　鍋にごま油を熱してみじん切りのにんにくと牛肉を炒め、野菜を加えて炒め合わせる。カレールールとしょうゆ、ぶどうジュース、水を入れて沸かし、1を加えてとろみが出るまで煮詰める。

ぶどうジュースを使うことでコクが出ておいしくなります。野菜は好みのものを取り合わせて。

おもてなしにもいいぜいたく巻き
# トックカルビ巻き

材料（2人分）
- カレトック　90g（作り方は8ページ）
- 牛ひき肉　100g
- えび　100g
- いか　50g
- トッポギ下味用ヤンニョム
　（ごま油小さじ1　塩小さじ1/3）
- 片栗粉　大さじ1と1/2
- サラダ油　少々
  味付け用ヤンニョム
  　（おろしキウイ1/2個分
  　玉ねぎのみじん切り1/4個分
  　長ねぎのみじん切り大さじ2
  　バナナエキス大さじ2　しょうゆ大さじ2
  　酒大さじ1　ごま油大さじ1
  　にんにくのみじん切り大さじ1/2
  　しょうがのみじん切り小さじ1/2
  　こしょう少々）

1　カレトックは3等分し、6cm長さに伸ばす。縦半分に切って下味をからめる。
2　牛ひき肉はキッチンペーパーに挟んで血を抜く。
3　えびの身は塩水（分量外）で振り洗いし、水気をきって細かく刻む。
4　いかは皮をむいて細かく刻み、水気をきる。
5　1～3を混ぜ、味付け用のヤンニョムを加えてよく混ぜ合わせる。片栗粉を入れて平たく伸ばし、6等分して1に巻く。
6　フライパンにサラダ油を熱し、5を全体にこんがりと焼く。

　おもてなし用には、仕上げに松の実の粉や白ごまをのせます。

※バナナエキスは趙善玉のオリジナル酵素エキス。代用は砂糖で。

Part 2　厳選トッポギ料理

たっぷりのにんにくで香ばしく
# 牛肉とにんにくのトッポギ

材料（2人分）

- トッポギ　140g
  （市販の6cmのもの14本）
- 牛肉　120g
- にんにく　5片
- ごま　大さじ1
- サラダ油　適量
- トッポギ下味用ヤンニョム
  （ごま油小さじ1
  　しょうゆ小さじ1/2）
- 味付け用ヤンニョム
  （砂糖大さじ2
  　ごま油大さじ1　塩小さじ1
  　にんにくのみじん切り小さじ1
  　ねぎのみじん切り小さじ1
  　こしょう少々）

1　トッポギは塩ゆでして冷水にとり、水気をきって下味をからめる。
2　味付け用ヤンニョムの材料を混ぜ合わせる。
3　牛肉はキッチンペーパーで血をふいてせん切りにし、**2** に漬け込む。
4　にんにくは薄切りにする。
5　サラダ油を熱したフライパンで **4** を炒め、牛肉を漬け汁ごと入れて炒め、トッポギを加えて炒め合わせる。最後にごまを加える。

**point**　にんにくは中火でじっくり炒めて、風味を出します。

意外な組み合わせで意外なおいしさ
# 茎わかめの甘酢あえ

材料（2人分）
- トッポギ　80g
  （市販の6cmのもの8本）
- 茎わかめ　150g
- にんにくのみじん切り　小さじ1/2
- サラダ油　大さじ1
- トッポギ下味用ヤンニョム
  （ごま油小さじ1/3　塩小さじ1/4）
- 味付け用ヤンニョム（酢大さじ4
  　りんごエキス大さじ2　塩少々）

※りんごエキスは趙善玉のオリジナル酵素エキス。代用は砂糖で。

**1** トッポキはせん切りにして塩ゆでし、水にとってから水気をきる。下味用のヤンニョムをからめておく。

**2** 茎わかめの茎は水を取り替えながら2～3回洗って塩を落とし、たっぷりの水に2時間ほど浸してさらに塩気を抜く。ざるに上げて水気を切り、食べやすい大きさに切る。

**3** フライパンにサラダ油を熱してにんにくのみじん切りを弱火で炒め、香りが出たら茎わかめを中火で炒め、火をとめて冷ます。

**4** 1と味付け用のヤンニョムを混ぜる。

 酢の物は疲れたときや食欲のないときにぴったりのおかず。こってりした食事のときにも添えてみましょう。

## Part 2　厳選トッポギ料理

牛肉のうまみがしみ込んだ
# プルコギと大葉のさっと煮

材料（2人分）
- トッポギ　100g
　（市販の6cmのもの10本）
- プルコギ用牛肉　100g
- 大葉　10枚
- 長ねぎ　1/2本
- ごま　大さじ2
- サラダ油　適量
- 水　1/2カップ
- ヤンニョム（しょうゆ大さじ4
　　水あめ大さじ2
　　砂糖大さじ1
　　ごま油大さじ1/2
　　にんにくのみじん切り小さじ1
　　しょうがのみじん切り小さじ1/3
　　こしょう少々）

1　トッポギをやわらかくゆでて冷水にとり、水気をきる。
2　ヤンニョムの材料を混ぜ合わせる。
3　牛肉とトッポギに2の半量を加えて（写真①）よく混ぜ、10分ほど置く。
4　大葉は飾り用に太めの細切り、あとは半分に切る。長ねぎは斜め切りにする。
5　3をサラダ油で炒め、火が通ったら水1/2カップを入れて（写真②）沸かす。残りの2を加えてさっと煮て、4を加える。仕上げに飾り用の大葉とごまを散らす。

**point**　牛肉は炒めているので、さっと煮ること。写真のようなチゲ鍋があれば、利用してみましょう。

えごまの香りでご馳走風に
# えごまの葉蒸し

### 材料（2人分）
- トッポギ　50g（市販の6cmのもの5本）
- えごまの葉　10枚
- 長ねぎ　1/4本
- にんじん　1/5本
- トッポギ下味用ヤンニョム
　　（ごま油小さじ1/3　しょうゆ小さじ1/5）
- 味付け用ヤンニョム（しょうゆ大さじ1と1/2
　　玉ねぎエキス大さじ1　酒小さじ1
　　薄切りにんにく4片分
　　薄切りしょうが1片分　水大さじ2）

※玉ねぎエキスは趙善玉のオリジナル酵素エキス。代用は砂糖で。

1　トッポギはゆでて水洗いし、水気をきってせん切りにする。下味をつける。
2　えごまの葉は水洗いし、水気をきる。
3　味付け用のヤンニョムを鍋で沸かし（写真①）、こして冷ます。
4　長ねぎ、にんじんは2cm長さのせん切りにする。
5　器にえごまの葉を1枚広げ、1と4を散らして3を塗る。これを繰り返しながら重ねていく（写真②）。
6　器ごと蒸し器に入れて、5分ほど蒸す。

**point**　しゃきしゃき感を楽しみたければ、蒸さずにこのまま食べましょう。蒸すと味がしみて食べやすくなります。

Part 2　厳選トッポギ料理

ナッツ類と合わせて栄養的にも◎
# くるみあえ

材料（2人分）

- トッポギ　120g
  （市販の6cmのもの12本）
- くるみ　1/2カップ
- ひまわりの種　大さじ1
- レーズン　大さじ1
- ごま油　少々
- トッポギ下味用ヤンニョム
  （ごま油小さじ1　塩小さじ1/3）
- 味付け用ヤンニョム
  （しょうゆ大さじ2
  　バナナエキス大さじ1
  　水あめ大さじ1
  　ごま油小さじ1）

※バナナエキスは趙善玉のオリジナル酵素エキス。代用は砂糖で。

1　トッポギは塩ゆでして、水で洗いざるに上げて水気をきり、下味のヤンニョムをからめる。

2　くるみは塩ゆでし、ざるに上げて水気をきって刻む。

3　フライパンを熱し、くるみ、ひまわりの種、レーズンを弱火で乾煎りしてからごま油を加えて炒める。

4　1を加えて油が全体に回ったら、味付け用のヤンニョムを加えて混ぜる。

 くるみ以外にアーモンド、ピーナツ、カシューナッツなど好みのものを使いましょう。

たっぷりのごまで風味と栄養を
# 黒ごまソース煮込み

材料（2人分）
- トッポギ　120g
  （市販の6cmのもの12本）
- 油揚げ　2枚
- ごま油　小さじ1
- ごま　小さじ1
- トッポギ下味用ヤンニョム
  （ごま油小さじ1
  しょうゆ小さじ1/2）
- 黒ごまソース用ヤンニョム
  （黒の練りごま 1/2カップ
  水あめ大さじ2　ごま大さじ1
  梅エキス大さじ1　しょうゆ大さじ1
  はちみつ小さじ1　ごま油小さじ1
  にんにくのみじん切り小さじ1
  塩少々）

※梅エキスは趙善玉のオリジナル酵素エキス。代用は砂糖で。

1. トッポギは塩ゆでして水洗いし、ざるに上げて水気をきる。下味用のヤンニョムをからめておく。
2. 油揚げはさっとゆでてざるに上げ、手で押して水気をきり、せん切りにする。
3. 黒ごまソースのヤンニョムと水2カップ、**2**を鍋に入れて煮汁が半分くらいまで煮詰め、**1**を加えて汁気が少なくなるまで煮詰める。仕上げにごまとごま油を加える。

**point** 黒ごまソースは甘味が強いので、苦手な方は水あめ、はちみつを入れず、塩で味を調整してください。

Part 2　厳選トッポギ料理

もちもちの食感といかがよく合う
# トックのいか巻き揚げ

材料（2人分）
- カレトック　80g（作り方8ページ）
- いか　1ぱい
- 長ねぎ　1/3本
- にんじん　1/5本
- えごま油　大さじ1
- ごま　大さじ1
- ヤンニョム（コチュジャン大さじ2
　　唐辛子の粉大さじ2
　　砂糖大さじ2
　　しょうゆ大さじ1
　　塩小さじ1
　　にんにくのみじん切り小さじ1）

1　いかはわたと皮、足を除いて洗い、半分に切ってかのこに切れ目を入れる。
2　カレトックはよく練ってから、いかより少し大きめに薄く伸ばす（写真①）。 
3　長ねぎは5cmの長さの細切り、にんじんはせん切りにする。
4　ラップを広げ、カレトック、いか、長ねぎ、にんじんの順にのせて巻く（写真②）。 
5　ヤンニョムと水2カップを沸かし、4をラップをはずして加え、汁けが少なくなるまで煮る。仕上げにえごま油とごまを加え、食べやすい大きさに切る。

**point** いかにしっかり切れ目を入れると身が縮まりません。

35

ころころの大きさにそろえて
# こんにゃくのしょうゆ煮

材料（2人分）
- トッポギ　50g
　（市販の6cmのもの5本）
- こんにゃく（白・黒）　各1/2枚
- ピーマン　1個
- 赤ピーマン　1個
- しょうゆ　大さじ2
- りんごエキス　大さじ1
- にんにくのみじん切り　小さじ1
- ごま油　大さじ1/2
- ごま　大さじ1/2

※りんごエキスは趙善玉のオリジナル酵素エキス。代用は砂糖で。

1 こんにゃくは下ゆでし、2cmくらいのハート形で抜く（写真①）
2 トッポギはこんにゃくと同じくらいの大きさに切って水に30分ほど浸け、ざるに上げて水気をきる。
3 ピーマン、赤ピーマンは1.5cm角に切る。
4 フライパンに1、2と水1カップを入れて沸かし、しょうゆ、りんごエキスを入れて（写真②）汁気が少なくなるまで煮詰める。
5 にんにくのみじん切りと3を加えて火を通し、ごま油とごまを加える。

**point** トッポギは最初から煮ることでやわらかくします。

Part 2　厳選 トッポギ料理

明太子のうまみでさらりと
# 小松菜と明太子のスープ煮

### 材料（2人分）

- トッポギ　100g
  （市販の6㎝のもの10本）
- 小松菜　50g
- パプリカ赤・黄色　各1/2個
- 明太子　100g
- かつおだし　2カップ
- しょうゆ　小さじ1
- 玉ねぎエキス　大さじ1/2
- 塩　少々
- ごま油　小さじ1/2

※玉ねぎエキスは趙善玉のオリジナル酵素エキス。代用は砂糖で。

1 トッポギは水に30分ほど浸けてざるに上げ、水気をきる。
2 小松菜は4㎝長さに切る。パプリカは4㎝長さの太めの細切りにする。
3 明太子は薄皮を除く。
4 鍋にかつおだし、1、しょうゆ、玉ねぎエキスを入れて沸かし、2、3を加えて煮る。塩で味を調え、最後にごま油を加える。

**point** 最後の塩加減は明太子の塩気によって調整してください。明太子を加えたらさっと煮る程度に。煮すぎるとかたくなります。

甘辛シロップをからめて
# タッカンジョン風トッポギ

材料（2人分）
- トッポギ　140g
　（市販の6cmのもの14本）
- 塩　小さじ1/2
- 砕いたピーナツ　20g
- 揚げ油　適量
- ごま油　大さじ1
- ヤンニョム（梅エキス大さじ2
　　コチュジャン大さじ1
　　ケチャップ大さじ1
　　唐辛子の粉大さじ1/2
　　にんにくのみじん切り大さじ1/2
　　水大さじ3）

※梅エキスは趙善玉のオリジナル酵素エキス。代用は砂糖で。

1　トッポギは塩ゆでして水で洗い、水気をきって塩で下味をつける。
2　ヤンニョムの材料を混ぜ合わせる。
3　フライパンにごま油を熱し、2を入れて混ぜ合わせ、どろっとするまで煮詰める。
4　揚げ油を150℃に熱し、1をこんがりと揚げる。
5　3に4を入れてからめ、ピーナツをふる。

**point**　シロップは煮詰めるほど甘さが増します。甘くしたくない場合は、さらっと煮て使いましょう。

Part 2　厳選 トッポギ料理

もちもち感と梅ジャムが新鮮
# トッポギピザ

材料（2人分）

- トッポギ　50g
  （市販の6cmのもの5本）
- 米粉　1カップ
   塩少々　水大さじ2
- 梅ジャム　大さじ2
- ピーマン・赤ピーマンの粗みじん切り
   各大さじ2
- 玉ねぎの粗みじん切り　大さじ2
- ウインナソーセージ　1本
- ピザ用チーズ　1/2カップ
- えごまの葉のせん切り　1枚分

1 米粉に塩と水を入れて混ぜ、ふるいに通す。15cm角の型に入れて平らにし、蒸し器で6分蒸し、ひっくり返して冷ます。
2 トッポギは1cm幅に切る。
3 ウインナは5〜6mm幅に切る。
4 1に梅ジャムを塗り、2、3、ピーマン、赤ピーマン、玉ねぎをのせ、ピザ用チーズを散らし、えごまの葉をのせる。500Wの電子レンジで10分加熱する。

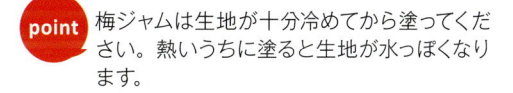

point　梅ジャムは生地が十分冷めてから塗ってください。熱いうちに塗ると生地が水っぽくなります。

39

*酒のつまみにもってこい*
# いいだこの串焼き

### 材料（2人分）

- 好みのトッポギ　200g
- いいだこ　4はい
- にんにく　6片
- ブロッコリー　1/4株
- サラダ油　少々
- トッポギ下味用ヤンニョム
  （ごま油小さじ1　塩小さじ1/2）
- 味付け用ヤンニョム
  （コチュジャン大さじ1
  　梅エキス大さじ1
  　唐辛子の大さじ1/2
  　にんにくのみじん切り大さじ1/2）

※梅エキスは趙善玉のオリジナル酵素エキス。代用は砂糖で。

1. トッポギはゆでて水で洗い、水気をきって下味をつける。
2. 味付け用のヤンニョムを混ぜ合わせる。
3. いいだこは塩水（分量外）で洗って半分に切り、**2**の半量をからめる。
4. フライパンにサラダ油をひき、**3**を焼く。
5. ブロッコリーは小房に分ける。
6. 鍋に湯を沸かし、にんにくをさっとゆでて塩少々（分量外）ふりかける。続いてブロッコリーもゆでる。
7. 串に**4**と**6**を刺し、味付け用のヤンニョムを塗りながら焼く。

**point** 材料それぞれに火を通しているので、最後のヤンニョムはさっとあぶり焼きに。

Part 2　厳選トッポギ料理

好みの野菜をたっぷり使って
# 鶏と野菜のコチュジャン煮

材料（2人分）
- トッポギ　100g
  （市販の6cmのもの10本）
- 鶏もも肉　150g
- さつまいも（小）　1本（50g）
- にんじん　1/3本
- 長ねぎ　1/2本
- 玉ねぎ　1/2個
- キャベツ　1/6個
- 万能ねぎの小口切り　少々
- ヤンニョム（コチュジャン大さじ1
  　唐辛子の粉大さじ1
  　　しょうゆ大さじ1
  　　りんごエキス大さじ1
  　　大根エキス大さじ1
  　　にんにくのみじん切り大さじ1
  　　ごま油大さじ1）

※りんごエキスは趙善玉のオリジナル酵素エキス。代用は砂糖で。

1　トッポギは塩ゆでして冷水にとり、水気をきって塩小さじ1/3（分量外）をまぶす。
2　鶏肉は流水で洗い、3×4cmに切る。
3　ヤンニョムの材料を混ぜ、**2**を漬け込む。
4　さつまいも、にんじんは拍子木切り、長ねぎは斜めに切る。玉ねぎ、キャベツは太めの細切りにする（写真①）
5　炊飯器CUCKOOの内鍋に玉ねぎ、キャベツを敷き、**1**と残りの野菜、鶏肉をヤンニョムごと加えて（写真②）水2カップを入れ、110℃で20分加熱する。
6　器に盛って万能ねぎをのせる。

**point**　CUCKOOは韓国で人気の炊飯器。調理もできるのでとても便利です。詳しくは趙善玉研究院まで。厚手の鍋や圧力鍋でも代用できます。

好みのジャムをつけるだけ
# カレトックのシンプルおやつ

材料（2人分）
- カレトック（作り方8ページ）
　または市販の好みのトッポギ　適量
- ごま油　少々
- 梅やいちごなど好みのジャム　適宜

1　カレトックは食べやすい形に作り、ゆでて冷水にとる。ざるに上げて水気をきり、ごま油をからめる。
2　好みのジャムを用意し、カレトックをつけて食べる。

**point**　子供のころ、お母さんがよく作ってくれたおやつです。韓国人の誰もが大好きで、砂糖やはちみつ、自家製のジャムをつけてよく食べたものでした。カレトック（トッポギ）を焼いたり、揚げたりすることもあります。今でも家庭でよく作りますが、伝統的な喫茶店ではメニューに入っています。

Part 2　厳選トッポギ料理

# チョコがけトッポギ

材料（2人分）
- トッポギ　60g
  （市販の6cmのもの6本）
- ミルクチョコレート　30g
- チョコレート　50g
- サラダ油　少々

1. トッポギは塩ゆでして冷水にとり、水気をきる。フライパンにサラダ油をひいて、こんがりと焼く。
2. チョコレート2種はそれぞれ湯せんで溶かし、**1**を回しながら浸してつける。

# 餅入りフルーツヨーグルト

材料（2人分）
- 米粉　1/2カップ
- いちごジャム　大さじ1と1/2
- 塩　少々
- ヨーグルト200g　1個
- いちご　1個
- バナナ　1/3本

1. 米粉にいちごジャム大さじ**1**と塩を入れて混ぜ、ふるいに通してから500wの電子レンジで3分加熱する。
2. よく練って10×15cm角に伸ばし、いちごジャム大さじ1/2を塗ってくるくる巻いて、1cm幅に切る。
3. いちご、バナナを細かく切り、**2**とともにヨーグルトに加える。

### 宮川昌子 みやかわ・まさこ

「身近な食材を使ったトッポギで、アンチエイジング（老化防止）」をテーマに、「薬食同源」の韓国料理に、中国・薬膳の思想を取り入れてみました。老化防止に大切なのは「肺、腎、脾」。特に「腎」が重要とされています。手軽な料理で養生してください。

1997年8月〜2001年3月韓国ソウル市滞在。「韓福善料理学院」に通い、韓食調理技能士合格。帰国後2002年より韓国料理教室を開講。調理師、国際中医薬膳師資格。韓国餅はソウル時代に一通り習得したが、趙善玉料理研究院で改めてその奥深さを実感している。著書に『魔法のたれでらくらく韓国ごはん』（アスペクト）、『いがいとカンタン本格韓国ごはん』（文芸社）。

米粉で作られるトッポギはエネルギーの源
# わたりがにの甘辛炒め

材料（2人分）
- トッポギ　160g（市販の6cmのもの16本）
- わたりがに　1杯
- 玉ねぎ　1/4個
- せり　3〜4本
- まいたけ　1/3パック
- 牛乳　1/4カップ
- 塩　適量
- 黒ごま　小さじ1/2
- ヤンニョム（コチュジャン大さじ1　酒大さじ1　薄口しょうゆ大さじ1/2　はちみつ大さじ1/2　水あめ小さじ1　にんにくのみじん切り小さじ1　唐辛子の粉小さじ1/2　こしょう少々）

1　トッポギは水で洗ってざるに上げる。
2　わたりがにはさばいてガニ（エラ）をはずし、4つに切る（写真①）。 
3　玉ねぎは薄切りにする。せりは茎だけを使い、5cm長さに切る。
4　まいたけは食べやすい大きさに裂く。
5　フライパンに水3/4カップとわたりがにを入れて、火にかける。
6　かにの色が変わったらトッポギと玉ねぎを入れ（写真②）、煮立ったらヤンニョムを加える。 
7　玉ねぎが煮えたらせりとまいたけ、牛乳を入れてさっと煮て、塩で味を調える。器に盛って黒ごまをふる。

**point** せりを入れることで味が引き締まります。

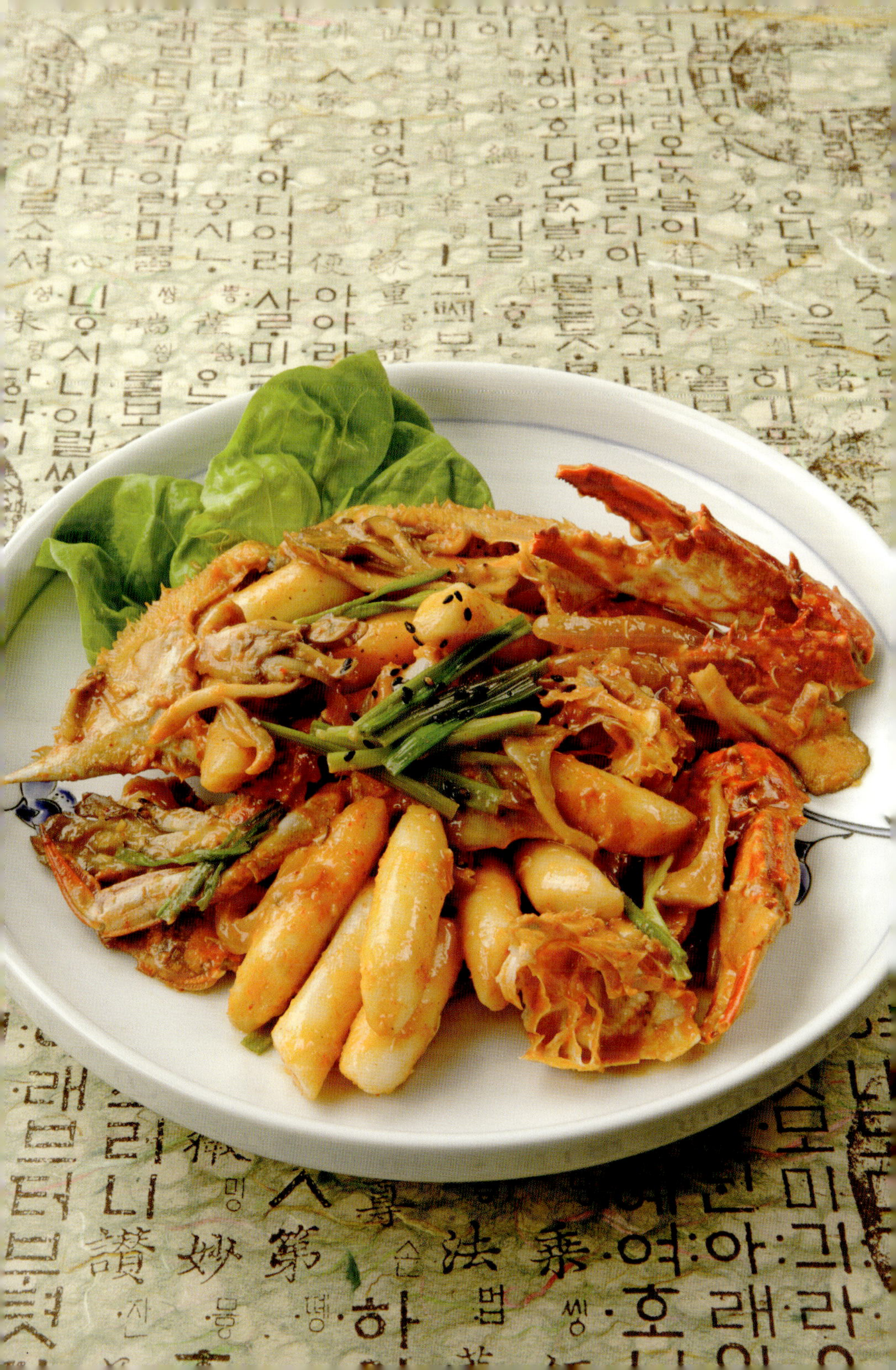

コラーゲン豊富な手羽先にトッポギを合わせて
# 手羽先の炒め物　ゆず茶風味

## 材料（2人分）
- トッポギ　160g（市販の6cmのもの16本）
- 手羽先　4本
- 干ししいたけ（どんこ）　2枚
- にんじん・やまいも　各50g
- 大豆油　適量
- パセリのみじん切り　小さじ1/2
- トッポギ下味用ヤンニョム（ごま油小さじ1/2　しょうゆ小さじ1/4）
- しいたけ下味用ヤンニョム（しょうゆ小さじ1　砂糖小さじ1/2）
- 手羽先下味用ヤンニョム（しょうゆ大さじ1　酒大さじ1/2　砂糖小さじ1　ごま油小さじ1　はちみつ小さじ1/2　長ねぎのみじん切り小さじ2　にんにくのみじん切り小さじ1　すりごま小さじ1　こしょう少々）
- 味付け用ヤンニョム（砂糖大さじ1　ゆず茶のゆず大さじ1/2　しょうゆ小さじ2）

**point**　手羽先をはさみで開いて食べやすくします。

1. トッポギはゆでて下味をからめる。
2. 手羽先は先をはさみで落とし、骨と骨の間を食べやすく開き（写真①）下味をもみ込む。 
3. しいたけは水で戻し、1cm幅に切って下味をつける。
4. にんじん、やまいもは5cm長さで割り箸の太さに切り（写真②）、にんじんはさっとゆでる。 
5. 大豆油で、手羽先を汁ごと炒め、**4**と水3/4カップを入れて煮立てる。**3**を入れ煮汁が半分になったら、ヤンニョムと**1**を入れて煮る。
6. 味が足りなければ塩（分量外）で調え、皿に盛ってパセリのみじん切りをふる。

## 豚肉は身体を潤し便秘にもよい
# 巻き巻き串焼き

材料（2人分）
- トッポギ　60g（市販の6cmのもの6本）
- やまいも　5cm（60g）
- 干ししいたけ（どんこ）　6個
- 豚薄切り肉（ロース）　6枚（約130g）
- 小麦粉・大豆油　各適量
- 白ごま・パセリのみじん切り　各少々
- トッポギ下味用ヤンニョム
  （ごま油・しょうゆ各少々）
- やまいも下味用ヤンニョム
  （ごま油・しょうゆ各少々）
- ヤンニョム（コチュジャン大さじ1と1/3　酒大さじ1　砂糖大さじ1/2　はちみつ小さじ1　しょうゆ小さじ1　長ねぎのみじん切り小さじ2　にんにくのみじん切り小さじ1　しょうがの搾り汁小さじ1/2　すりごま大さじ1/2　ごま油小さじ1　こしょう少々）

1. トッポギはゆでて下味をからめる。
2. やまいもはトッポギと同じ大きさの6切れ以上に切って下味をつける。干ししいたけは水で戻して3等分に切る。
3. 豚肉は1枚ずつ広げ半分に切って小麦粉を薄く振り、トッポギとやまいもを別々に巻く。
4. 串にしいたけ、やまいも、しいたけ、トッポギ、しいたけ、の順に刺す。
5. フライパンに大豆油をひいて刺した串や残ったやまいもを両面焼き、ヤンニョムを塗って再び焼く。
6. 皿に盛り、白ごまをかけて、残ったやまいもとパセリを散らす。

**point** 飾りにやまいもをすりおろして。

たいは美肌、ダイエット効果あり
# たいと野菜のそば巻き

材料（2人分）
- トッポギ　160g
  （市販の6cmのもの16本）
- たいの柵　120g
- えごまの葉　18枚
- かいわれ菜　1/4袋
- そば粉　1/2カップ
- 水　1/2カップ程度
- 大豆油　適量
- 塩・黒ごま　各少々
- トッポギの下味用ヤンニョム（ごま油小さじ1/2　しょうゆ小さじ1/4）
- 酢コチュジャン（コチュジャン大さじ2　砂糖大さじ2　酢大さじ1　しょうゆ小さじ1　はちみつ小さじ1/2　酒小さじ1/2　にんにくのすりおろし小さじ1/2　しょうがの搾り汁小さじ1/4）

1　トッポギはやわらかくゆでて下味であえる。
2　たいの柵は薄切りにする。
3　えごまの葉と、根を取ったかいわれ菜は洗って水気をきる。
4　そば粉は塩少々と様子を見ながら水を加えてゆるめに溶き、フライパンに大豆油を引いたフライパンで丸く直径6cmの円形に18枚ほど焼く。
5　酢コチュジャンの材料を混ぜ合わせ、小さな器に入れる。
6　皿に **1〜5** を彩りよく並べトッポギに黒ごま少々をふる。そば粉の焼いたものに好みの具をのせ、酢コチュジャンをつけて包んで食べる。

**point**　多くの具を入れて巻くと味が混ざり合っておいしく食べられます。

まぐろは老化防止や貧血に
# まぐろの酢コチュジャンあえ

材料（2人分）
- トッポギ　150g
　（市販の6cmのもの 15本）
- まぐろ　150g
- きゅうり　1/2本
- 小麦粉・塩　各少々
- 揚げ油（大豆油）　適量
- パセリ　少々
- 韓国のり　適量
- レモンのくし形　適宜
- 酢コチュジャン
　（コチュジャン大さじ2　砂糖大さじ2　酢大さじ1　しょうゆ小さじ1　はちみつ小さじ1/2　酒小さじ1/2　にんにくのすりおろし小さじ1/2　しょうがの搾り汁小さじ1/4）

1　トッポギはゆでて、楊枝で真ん中に穴をあける。小麦粉をまぶして油で揚げ、塩をふる。
2　まぐろときゅうりは2cm角、トッポギは2cm長さに切る（写真①）。
3　酢コチュジャンの材料を混ぜ（写真②）、2をあえる。
4　器に盛り付け、韓国のりとパセリ、好みでレモンを添え、韓国のりで包んで食べる。

**point**　材料は食べる直前にあえます。

やまいもは滋養強壮にうってつけ
# やまいものふわふわ焼き

材料（2人分）
- トッポギ（チーズ入り）　80g
　（市販の6cmのもの8本）
- 大豆油　適量
- トッポギの下味用ヤンニョム
　（ごま油小さじ1/2　しょうゆ1/4）
- やまいもの生地（やまいも150g
　小麦粉大さじ4　もち米粉大さじ1
　アンチョビフィレ1と1/2枚　薄口
　しょうゆ小さじ2/3　しょうがの搾
　り汁小さじ1　青のり小さじ1　紅
　しょうがのみじん切り6g）
- 好みでかけるソース（生唐辛子のみじ
　ん切り1/2本分　にんにくのみじん
　切り小さじ1　砂糖大さじ1と1/2
　はちみつ大さじ1　酢大さじ1/2
　水大さじ2　塩少々）
- 黒ごま　適宜

1　トッポギはゆでて下味をつける。
2　生地のアンチョビフィレは細かいみじん切りにし（写真①）、やまいもはすりおろす。 
3　2にほかの材料を混ぜ合わせて生地を作る。
4　熱したフライパンに大豆油をひき、生地を小さじ1のせて、その上にトッポキをのせ（写真②）、さらに生地を小さじ1かぶせる（写真③）。両面をこんがりと焼く。  
5　皿に黒ごまを敷き、4を盛る。好みでソースを煮詰めてかける。

**point** 紅しょうがの味がアクセントになります。

Part 2　厳選トッポギ料理

まいたけは免疫力アップ
# キムチと豚肉の炒め物

## 材料（2人分）

- トッポギ　160g
　（市販の6cmのもの16本）
- 豚ばら肉　120g
- 干ししいたけ（どんこ）　1枚
- キムチ　120g
- 玉ねぎ　1/4個
- まいたけ　1/3袋
- ほうれん草　1株（30g）
- 大豆油　適量
- ごま油　大さじ1/2
- トッポギの下味用ヤンニョム（ごま油小さじ1/2　しょうゆ小さじ1/4）
- 豚ばら肉の下味用ヤンニョム（コチュジャン大さじ1と2/3　砂糖小さじ2　しょうゆ小さじ1　はちみつ小さじ1/2　長ねぎのみじん切り小さじ2　にんにくのみじん切り小さじ1　すりごま小さじ1　ごま油小さじ1　こしょう少々）

1. トッポギはやわらかくゆでてざるに上げ、水気をきって下味をまぶす。
2. 豚肉は食べやすい大きさに切り、下味にもみ込んで30分ほど置く。
3. 干ししいたけは水で戻し、せん切りにしてしょうゆ・砂糖各少々（分量外）をからめる。
4. キムチはねぎなどの薬味を中身をざっと取り、絞って食べやすい大きさに切る。
5. 玉ねぎは薄切り、まいたけは手で裂く。
6. ほうれん草はゆでて5cm長さに切る。
7. フライパンに大豆油を熱して豚肉を炒め、キムチ、玉ねぎ、干ししいたけ、まいたけの順に入れて炒めていく。
8. 最後にトッポギとほうれん草、ごま油を入れて手早く混ぜ合わせる。

**point**　ちょっと酸っぱくなったキムチでもおいしく食べられます。

イライラ解消にはあさりが効果的
# あさりと干しだらのスープ

材料（2人分）

- トッポギ　100g
  （市販の6cmのもの10本）
- 干しだら　30g
- 大根　40g
- 長ねぎ　1/3本
- ごま油　大さじ1
- あさりのだし汁　4カップ
  あさり（殻付き）150g
  昆布3cm角1枚
  水4カップ
- にんにくのみじん切り　小さじ1
- あみの塩辛の汁　大さじ1/2
- 塩　少々
- こしょう　少々

1 トッポギは水洗いをしてざるに上げる。
2 干しだらは適当な大きさに裂き、20分ほど水に浸ける（写真①）。 
3 砂抜きをしたあさりと昆布、水を鍋に入れて火にかける。あくを取り、貝の口が開いたらこす（貝はとっておく）。
4 大根は皮をむいて食べやすい大きさに切り、長ねぎは斜め切りにする。
5 干しだらの水気を絞り、ごま油大さじ1/2で炒める。さらにごま油大さじ1/2を足して大根を加え、色が変わるまで炒める（写真②）。 
6 鍋に1、3、5とにんにくを入れて煮立て、あくを取って弱火にし、20分煮込む。
7 あさりと、長ねぎ、あみの塩辛の汁、こしょうを加え、最後に塩で味を調える。

**point** あみを粗みじん切りして絞る。

Part 2　厳選トッポギ料理

黒ごまは長生不老食と呼ばれる
# トッポギの黒ごまソース

材料（2人分）

- カレトック
    米粉　1と1/4カップ
    水　1/8カップ
    塩　適量
    よもぎの粉　約小さじ1/4
    いちごの粉　約小さじ2/3
    かぼちゃの粉　約小さじ2/3
- 黒ごまソース（練り黒ごま大さじ3
    カシューナッツの粗みじん切り大さじ2
    しょうゆ大さじ1/2　水あめ大さじ1/2
    はちみつ小さじ2　塩少々）
- くこの実（水でもどしたもの）　小さじ1

1　カレトックを作り（作り方は8ページ）、熱いうちに1/6を取り、残りは3等分する。
2　1/6の分にはよもぎの粉を入れ、残りは1つをそのままにして、あとの2つにそれぞれいちごの粉とかぼちゃの粉を入れて練る（ちょうどよい色加減まで粉を入れる）。
3　温かいうちに緑のカレトックは葉の形に、あとの3つは小さめのだんごを作り花びらを2枚ずつ作ってバラの形にする。
4　黒ごまソースのカシューナッツを乾煎りして香ばしさを出し、他の材料と混ぜる。
5　器にバラの餅を盛り、黒ごまソースとくこの実を添える。

point　お餅は食べやすい大きさに作る。

参考文献：「現代の食卓に生かす『食物性味表』（改訂版）」（日本中医食養学会著／仙頭正四郎監修／国立北京中医薬大学日本校）「毎日役立つからだにやさしい　薬膳．漢方の食材帳」（東日本堂　監修／実業之日本社）「薬膳．漢方　食材＆食べ合わせ手帳」（喩　静／植木ももこ監修／西東社）

**本田朋美** ほんだ・ともみ

日本人の韓国料理研究家として活動中の自分が作れるものを考え、日本各地の郷土料理とトッポギを組み合わせてみました。韓国でもしょうゆ味の料理は多いことから、和食との相性はバッチリ！　日本人も韓国人もホッとするおいしさです。

東京都練馬区出身。専門学校卒業後に入社した商社で韓国に出会い、1991年に初訪韓。以来2～3年に1度の割合で韓国旅行を楽しむ。韓流ブームに伴い韓国料理の魅力を改めて実感し、本格的に学ぶ。2009年夏に韓国料理研究家として活動を開始。現在は料理教室やイベントを開催し、企業やお店のアドバイザーも務める。

とろっとした自然薯とのハーモニー
# とろろトッポギ

材料（2人分）
- トッポギ　100g（市販の6cmのもの10本）
- 自然薯　50g
  （自然薯の代わりにやまのいもでもよい）
- だし汁　大さじ1と2/3
- 塩　適宜
- 青のり　適宜

1　トッポギはやわらかくゆでて縦半分に切り、塩少々で味付けする。
2　自然薯をすりおろし、だし汁でのばして塩少々を加える。
3　トッポギを器に盛って2をのせ、青のりをふる。

**point**　濃い目のだし汁と使うと、味が薄くてもおいしく味わえます。

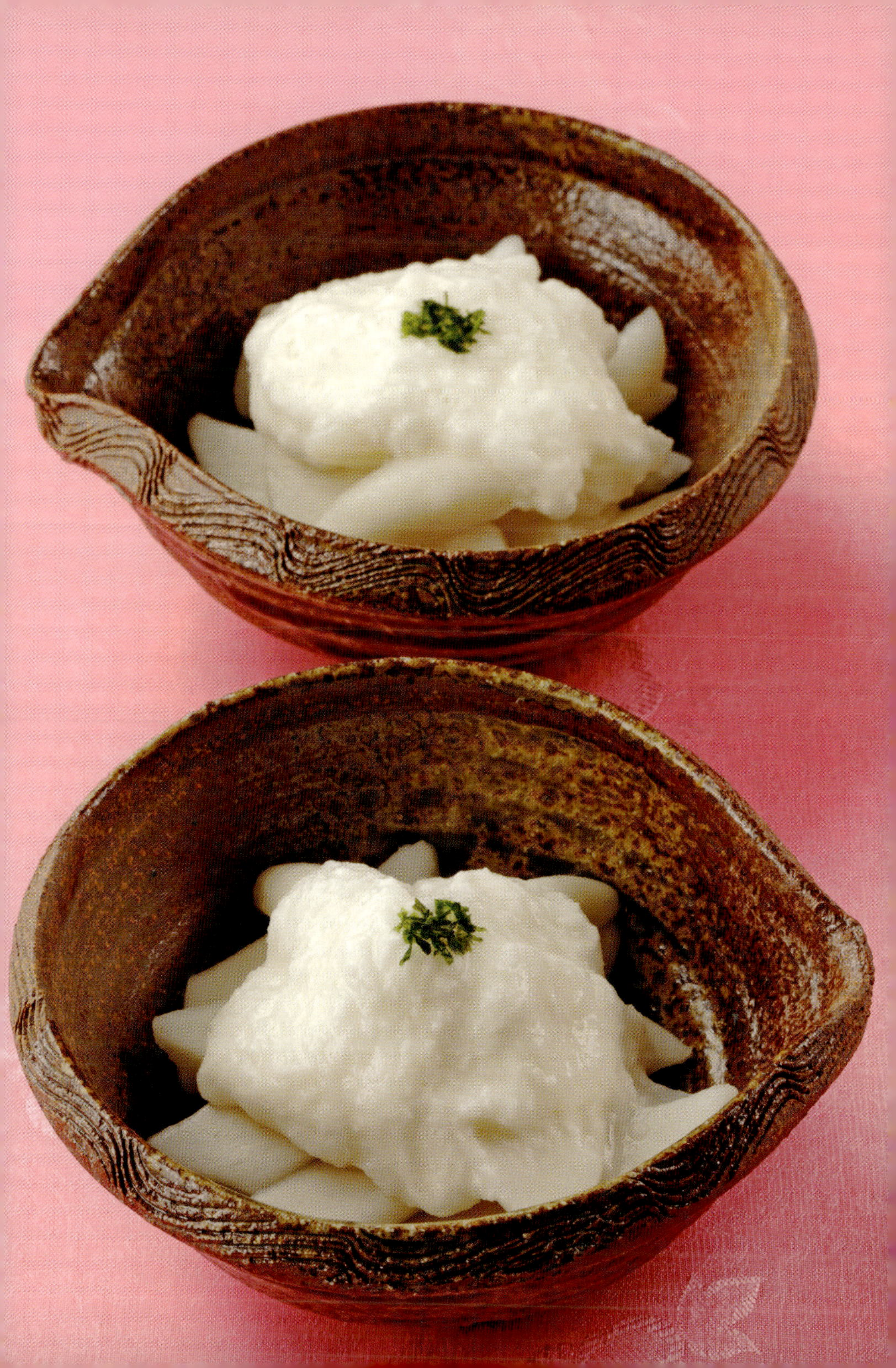

トッポギと野菜でワンプレートに
# チャンプルー

材料（2人分）
- トッポギ　70g
　（市販の6cmのもの7本）
- ゴーヤ　1/4本
- もやし　100g
- にんじん　1/4本
- 卵　1個
- サラダ油　大さじ1
- ヤンニョム
　しょうゆ小さじ2
　みりん小さじ1
- 塩　適宜
- 削り節　適宜

1　トッポギはゆでて縦半分に切る。
2　ゴーヤは縦半分に切り、種を取って半月切りにし、塩少々をまぶしておく。5分置いたら水でさっと洗い、水気をきる。にんじんは1cm幅の拍子切りにする。
3　フライパンにサラダ油大さじ1/2を熱し、割りほぐした卵をさっと炒めて、1度取り出す。
4　フライパンにサラダ油大さじ1/2を入れて、にんじん、ゴーヤ、もやし、トッポギの順に強火で炒め、ヤンニョムで味付けする。卵を戻して軽く炒め合わせ、塩で味を調える。器に盛り付け、削り節をのせる。

**point**　もやしはひげ根を取り除くと、見栄えがよくなります。色鮮やかに仕上げるために、野菜は強火で炒めます。

Part 2　厳選 トッポギ料理

焼き色がおいしさを引き出す
# 焼きトッポギ鍋

材料（2人分）
- トッポギ　140g
　（市販の6㎝のもの14本）
- 比内地鶏もも肉　100g（比内地鶏が手に入らなければ、国産の鶏もも肉で）
- 長ねぎ　1/2本
- まいたけ　50g
- せり　3本
- ヤンニョム
　しょうゆ大さじ1
　砂糖小さじ1
- 塩　少々

1　比内地鶏は一口サイズに切る。鍋に水4カップと比内地鶏を入れて、アクを取りながら弱めの中火で20分程煮る。

2　トッポギはゆでてから網で軽く焼き目がつくくらいに焼く（写真①）。長ねぎは斜め切り、せりは5㎝の長さに切り、まいたけはほぐす。

3　①のスープにヤンニョムとトッポギ、長ねぎ、まいたけ、せりを加えて（写真②）、塩で味を調え、ひと煮立ちさせる。

point　焼き色がはがれるので、トッポギは長時間煮ないようにしましょう。

生湯葉とトッポギの食感を楽しむ
# 湯葉巻き

### 材料（2人分）
- トッポギ　60g
  （市販の6cmのもの6本）
- 生湯葉
  （5cm×5cm）6枚
- 大葉　6枚
- 塩　少々
- 小麦粉　適宜
- サラダ油　大さじ1

1. トッポギはゆでて、塩で下味をつける。
2. 生湯葉を広げ、大葉1枚とトッポギ1本をのせて巻き（写真①）、全体に小麦粉をまぶす。 
3. フライパンにサラダ油を熱して中火にし、2を全体にまんべんなく焼く（写真②）。

**point** 生湯葉はシート状のものが巻きやすい。タレなしで食べるので、トッポギには必ず下味をつけましょう。

Part 2　厳選トッポギ料理

朝食代わりにもなる一品
# 納豆トッポギ

材料（2人分）
- トッポギ　100g
　（市販の6cmのもの10本）
- ヤンニョム
　ひきわり納豆 100g
　しょうゆ大さじ1
　砂糖小さじ 1/2
- 塩　少々
- 大根おろし
　（軽く水気をきったもの）50g
- 小ねぎの小口切り　大さじ 1/2

1　トッポギはやわらかくなるまでゆでて縦半分に切り、塩で味付けしてからヤンニョムであえる。
2　器に盛り付け、大根おろしと小ねぎをのせる。

**point**　ひきわり納豆を使うと、トッポギにからみやすくなります。ひきわり納豆がなければ、普通の納豆を包丁で刻んでください。

トッポギでもちもち感アップ！
# いも焼き

材料（2人分）
- トッポギ（白）　60g
　（市販の6cmのもの6本）
- トッポギ（ピンク）　100g
　（市販の6cmのもの6本）
- じゃがいも（大）　1個
- 片栗粉　大さじ1
- 塩　少々
- サラダ油　適量
- ヤンニョム
　しょうゆ大さじ2
　砂糖大さじ1

1. トッポギはやわらかくゆでて5mm幅に切る。
2. じゃがいもは皮をむいて、やわらかくなるまでゆでる。水気をきって熱いうちにつぶし、トッポギ（白）、片栗粉、塩を加えてよく混ぜてから、直径5cm、厚さ1cmに丸く形を整え、トッポギ（ピンク）をのせる。
3. ヤンニョムは混ぜ合わせておく。
4. フライパンにサラダ油を熱して中火にし、**2**を両面がきつね色になるまで焼いて、ヤンニョムをからめる。

**point** 成形した後にしっかり焼き色をつけておくと、ヤンニョムをからめても形があまり崩れません。

Part 2　厳選 トッポギ料理

色のコントラストも味わう
# サーモンの昆布巻き

## 材料（2人分）

- トッポギ　60g
  （市販の6cmのもの6本）
- 日高昆布（20cm×7cm）　6枚
- スモークサーモン　100g
- かんぴょう　180cm
- ヤンニョム
  しょうゆ大さじ2
  みりん大さじ1
  砂糖大さじ1/2

1　昆布は汚れをふき取り、水3カップに15分程浸けてやわらかくし、水気をふき取る（浸け汁はとっておく）。

2　かんぴょうはよくもんで水に浸け、やわらかくしてから30cmの長さに切る。

3　昆布にスモークサーモンとトッポギをのせて巻き、かんぴょうで結ぶ（写真①）。

4　鍋に昆布巻きを並べて、昆布の浸け汁とヤンニョムを加えて強火にし（写真②）、沸騰したら弱めの中火にして30分程煮る。

**point**　かんぴょうは結んだ後にはさみで長さをそろえると、見た目がよくなります。

片栗粉でツルンとした食感に
# かきの治部煮

材料（2人分）
- トッポギ 100g
  （市販の6cmのもの10本）
- かき 6個
- ほうれんそう 適宜
- 昆布（10cm角） 1枚
- ヤンニョム
  しょうゆ小さじ2
  酒小さじ1
- 塩 少々
- 片栗粉 適宜
- ゆずの皮 適宜

1 鍋に水2カップと昆布を30分浸けておく。
2 トッポギはやわらかくゆでる。ほうれんそうはゆでてから、3〜4cmの長さに切る。
3 ①の鍋を加熱し、沸騰する前に昆布を取り出す（写真①）。沸騰したら、片栗粉をまぶしたトッポギ（写真②）、かき、ヤンニョムを入れる。かきに火が通ったら、塩で味を調える。  
4 器に盛り付け、ほうれんそうを添えてゆずの皮をのせる。

**point** かきを加熱するときは、ふっくらとしてきたらすぐに火をとめると、プリプリ感が残ります。

Part 2　厳選トッポギ料理

意外な組み合わせが後を引く
# たくあんのぜいたく煮

材料（2人分）
- トッポギ　100g
  （市販の6cmのもの10本）
- たくあん　100g
- ヤンニョム
    しょうゆ大さじ1
    砂糖大さじ1/2
    みりん大さじ1/2
- 鷹の爪　1本

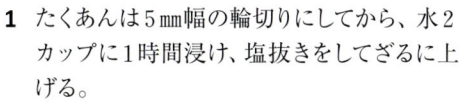

1　たくあんは5mm幅の輪切りにしてから、水2カップに1時間浸け、塩抜きをしてざるに上げる。
2　鍋にたくあん、水1カップ、ヤンニョムを入れて、弱火で30分程煮たら、トッポギを加えてやわらかくなるまで煮る。
3　器に盛り付け、小口切りにした鷹の爪をあしらう。

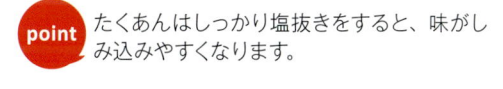

**point** たくあんはしっかり塩抜きをすると、味がしみ込みやすくなります。

## うどんとは違った食感で
# 釜玉トッポギ

材料（2人分）

- トッポギ　200g
  （市販の6cmのもの20本）
- 卵黄　2個
- 小ねぎの小口切り　大さじ1/2
- しょうゆ　適宜
- 塩　少々

1　トッポギはやわらかくゆでて、縦半分に切る。軽く塩で味付けをして、器に入れる。

2　1に卵黄、小ねぎを添える。食べるときにしょうゆを回し入れ、混ぜ合わせる。

**point**　温かいトッポギを卵にからめると、卵に少し火が入り、より釜玉に近い味になります。好みでゆずの皮、ゆずこしょう、七味唐辛子を加えてもおいしくいただけます。

Part 3

# 私のトッポギ
# 私の味

趙善玉先生を中心とした「韓パラム」のメンバー10名が
それぞれにトッポギへの思いを持ち、個性豊かな料理に仕上げました。
トッポギ料理がより身近に感じられ、
これまでにないおいしさが味わえます。

**星野久美子** ほしの・くみこ

韓国のトッポギが日本料理として食卓に上がったらとレシピを作ってみたところ、トッポギの食感が日本料理に合い、簡単なのに上品な仕上がりに。市販のトッポギ1袋を今までなかなか使いきれなかったという方もこれで使いきることができるのでは。

東京都出身。「医食同源・食して癒す」この言葉にひかれ、趙善玉料理研究院に通い修業中。ソンマッ(手の味)の大切さを教わって、今は自分らしい料理が作れるようになった。日本人としてさらに韓国料理が家庭の味となるように活動中。最近は、料理を通して韓国の器や調理器具、ポジャギなどを見て歩くだけでも心が弾む。

かわいい餅と冬瓜で華やかな膳に

# 冬瓜スープ

材料(2人分)
- カレトック　100g(雪だるま形16個)
    米粉　1カップ
    水　大さじ1
    塩　小さじ1/4
- かぼちゃの粉　小さじ1/3
- 冬瓜　1個(1.5〜2kg)
- 鶏ひき肉(もも)　100g
- ヤンニョム
    (長ねぎのみじん切り大さじ1
    しょうがの搾り汁大さじ1
    薄口しょうゆ小さじ1　酒小さじ1
    塩少々　片栗粉大さじ1)
- 干ししいたけ　2個
- 昆布だし　2カップ
- 薄口しょうゆ　大さじ1と1/2
- しょうがのせん切り　適宜
- 塩　適宜
- こしょう　少々

1 カレトックを作る(作り方は8ページ)。蒸し上がった生地の半分はそのまま練り、残りはかぼちゃの粉を練り込んで色を出す。
2 それぞれを棒状に伸ばして8等分し、真ん中に菜箸を当てて転がし、雪だるま形にする。
3 干ししいたけは水で戻し、粗めのみじん切りにする。戻し汁は1/2カップをとっておく。
4 鶏ひき肉にヤンニョムを入れ、粘りが出るまで練ってだんごを6個作る。
5 昆布だしに干ししいたけの戻し汁と薄口しょうゆを入れて煮立て、4を加える。6〜7分煮て、塩とこしょうで調味する。
6 冬瓜を2つに割り、中をくり抜き(写真①)5のスープとだんご、カレトック、しょうがを2等分して入れる。1つずつ約20分蒸す(写真②)。
7 冬瓜の実をスプーンで削りながらいただく。

**point** 蒸している間に水滴が落ちてスープが薄まらないよう、蒸し器のふたには布巾を巻きます。

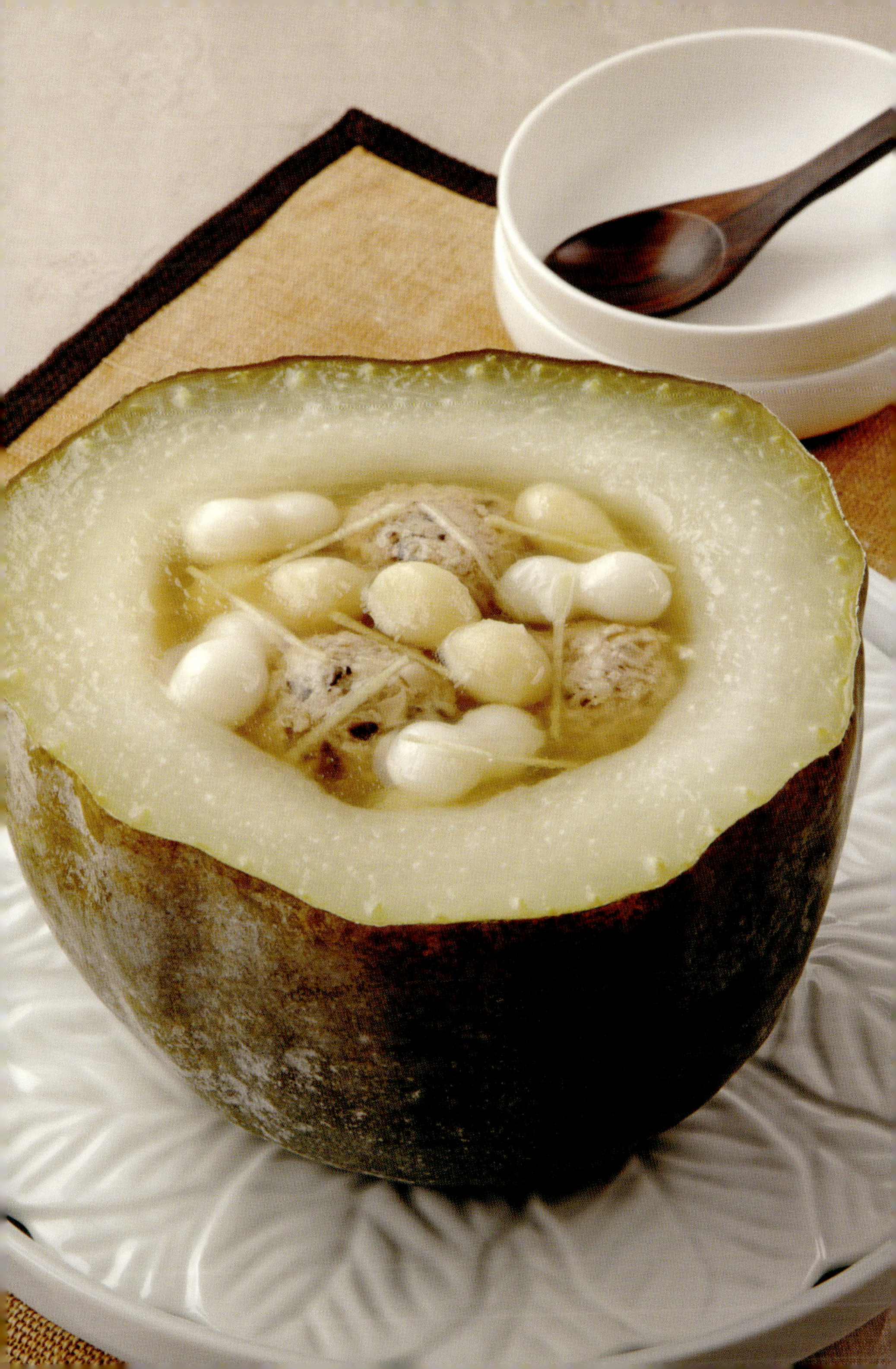

あと1品！ なすと餅で絶品おかず
# なすのだし煮

### 材料（2人分）
- トッポギ　100g
  （市販の薄切り20枚）
- なす　2本
- パセリのみじん切り　少々
- 昆布だし　2と1/2カップ
- 削り節　50g
- 酒　大さじ1
- 薄口しょうゆ　小さじ1/2
- 片栗粉　小さじ1/2
- 塩　適宜

1. なすは皮をむいて1cm幅の輪切りにし、塩少々入れた水に浸けておく。
2. 昆布だしを沸騰させ、火をとめてから削り節を入れ、すべて沈んだらキッチンペーパーか布巾を敷いたざるでこす。
3. 鍋に**2**のだしと酒を入れて煮立たせ、水気をきったなすを入れ、中火で8分ほど煮てアクが出たら取る。
4. トッポギを加え、さらに2分ほど煮て塩で味を調えたら、薄口しょうゆで溶いた片栗粉を加えてとろみを出す。
5. パセリを加え、からめてから器に盛る。

**point** 削り節が沈んだら、あまり時間を置かずにこすほうがおいしい。

Part 3　私のトッポギ 私の味

ほっこりした甘さを２つの食感で
# 大学芋

### 材料（2人分）

- トッポギ　120g
   （市販の6cmのもの2色各6本）
- さつま芋　150〜200g
- ヤンニョム
   砂糖大さじ4
   水大さじ4
   酢小さじ1/2
   しょうゆ　小さじ1/4
- 黒ごま　適宜
- 揚げ油　適宜

1　さつま芋は斜め切りにし、トッポギと同じ太さに切って（写真①）水に浸けておく。
2　トッポギはトースターで3分ほど焼く。
3　さつま芋の水気をふいて、170℃くらいの油で少し色がつき、竹串が通るくらいまで素揚げする。
4　小鍋にヤンニョムを入れて中火にかけ、ときどき鍋を揺らしながら混ぜる。こまかい泡が全体的に出て（写真②）、とろみがついてきたら 2、3 と黒ごまを入れてからめ、器に盛り付ける。

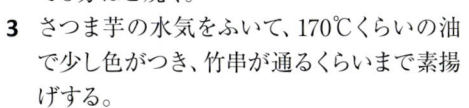

**point**　たれに酢を入れることで、さつま芋やトッポギがくっつきにくくなります。

69

かまぼこ形の餅をメインに
# 田舎のお雑煮

材料（2人分）
- カレトック　200g（かまぼこ形8個）
　　米粉　2カップ
　　水　大さじ2
　　塩　小さじ1/2
　　紫芋の粉　小さじ1/2
- 鶏もも肉　70g
- こんにゃく　1/7枚（30g）
- にんじん　1/10本（25g）
- 干ししいたけ　大2個
- 三つ葉　少々
- 昆布だし　2カップ
- ヤンニョム
　　（薄口しょうゆ大さじ2と1/2
　　酒大さじ1　砂糖小さじ1）

1 カレトックを作り（作り方は8ページ）、70gはそのまま練り、130gは紫芋の粉を練り込む。

2 めん棒で伸ばし、ラップの上に色のついたほうを敷き、その上に白をのせて巻く。かまぼこ形に整え、8個に切り分ける。

3 干ししいたけは水で戻し、軸を除いて2mm幅に切る。戻し汁は1/2カップをとっておく。

4 鶏もも肉は皮を取り一口大に切る。こんにゃくは2×3cmの薄切り。にんじんはいちょう切りにする。三つ葉は2cm長さに切る。

5 昆布だしと干ししいたけの戻し汁、ヤンニョムをひと煮立ちさせる。三つ葉以外の具材を10分ほど煮て、カレトックを1〜2分ゆでて加え、椀に盛って三つ葉をのせる。

**point** カレトックは、少し置いてからの方が切りやすい。

Part 3　私のトッポギ 私の味

もっちり感と衣のさくさく感を楽しむ
# 二色天ぷら

材料（2人分）
- トッポギ　160g（市販の6cmもの16本）
- 青のり衣（天ぷら粉大さじ2
　　青のり小さじ1と1/2　塩少々
　　冷水大さじ1と1/2　焼酎大さじ1/2）
- カレー衣（天ぷら粉大さじ2
　　カレー粉小さじ1と1/2　塩少々
　　冷水大さじ1と1/2　焼酎大さじ1/2）
- 揚げ油　適宜

1 トッポギは油で揚げたときに破裂しないよう必ずゆでる。トッポギが浮かんできたら水にとってさらし、水気をきる。
2 2つのボウルに青のり衣、カレー衣の材料を入れ、軽く混ぜる。
3 トッポギに衣をつけて180℃の油で揚げ、油をきって器に盛り付ける。

**point** 粉と冷水は、ざっくり軽く混ぜるとからりと揚がります。

**中村ひかる** なかむら・ひかる

教室でトッポギやカレトックも自分で作れることを学び、我が家の定番料理に使ったらどうなるの？と、作ってみたらこれが合うんです。今回は日・韓・洋風に挑戦です。

東京都出身。『冬のソナタ』からの韓流ブームにはまって韓流ドラマを見まくり、一作品で伝統餅の存在を知り興味を持つ。2011年都内デパートの催事で趙善玉料理研究院に伝統餅の教室があることを知り翌日には研究院の門をたたく。以来、趙善玉院長の味を追いかけて教室に通い続けている。

トッポギが簡単にスペイン風に
# マッシュルームの香草焼き

材料（2人分）
- トッポギ　80g
  （市販の6cmのもの8本）
- ブラウンマッシュルーム　1パック
- パセリ　3本
- にんにくのみじん切り　小さじ2
- オリーブ油　大さじ1
- 塩　小さじ1/2

1 トッポギは長さを半分に切り、ゆでておく。
2 マッシュルームは、軸を取って半分に切り（写真①）石づきは、みじん切りにする。 
3 パセリは葉の部分だけをみじん切りにする。
4 オリーブ油とにんにくを弱火にかけ、にんにくを焦がさないように油を温める。
5 2と塩を入れて全体に油をからめ、ふたをして（写真②）30～40秒蒸し焼きにする。 
6 マッシュルームに8割がた火が通ったらトッポギを入れて中火にし、全体を混ぜる。
7 パセリを加えてすぐに火を止め、全体に混ぜ合わせて器に盛る。

**point** にんにくの香りを出すため、油とにんにくをフライパンに入れてから火をつけてください。

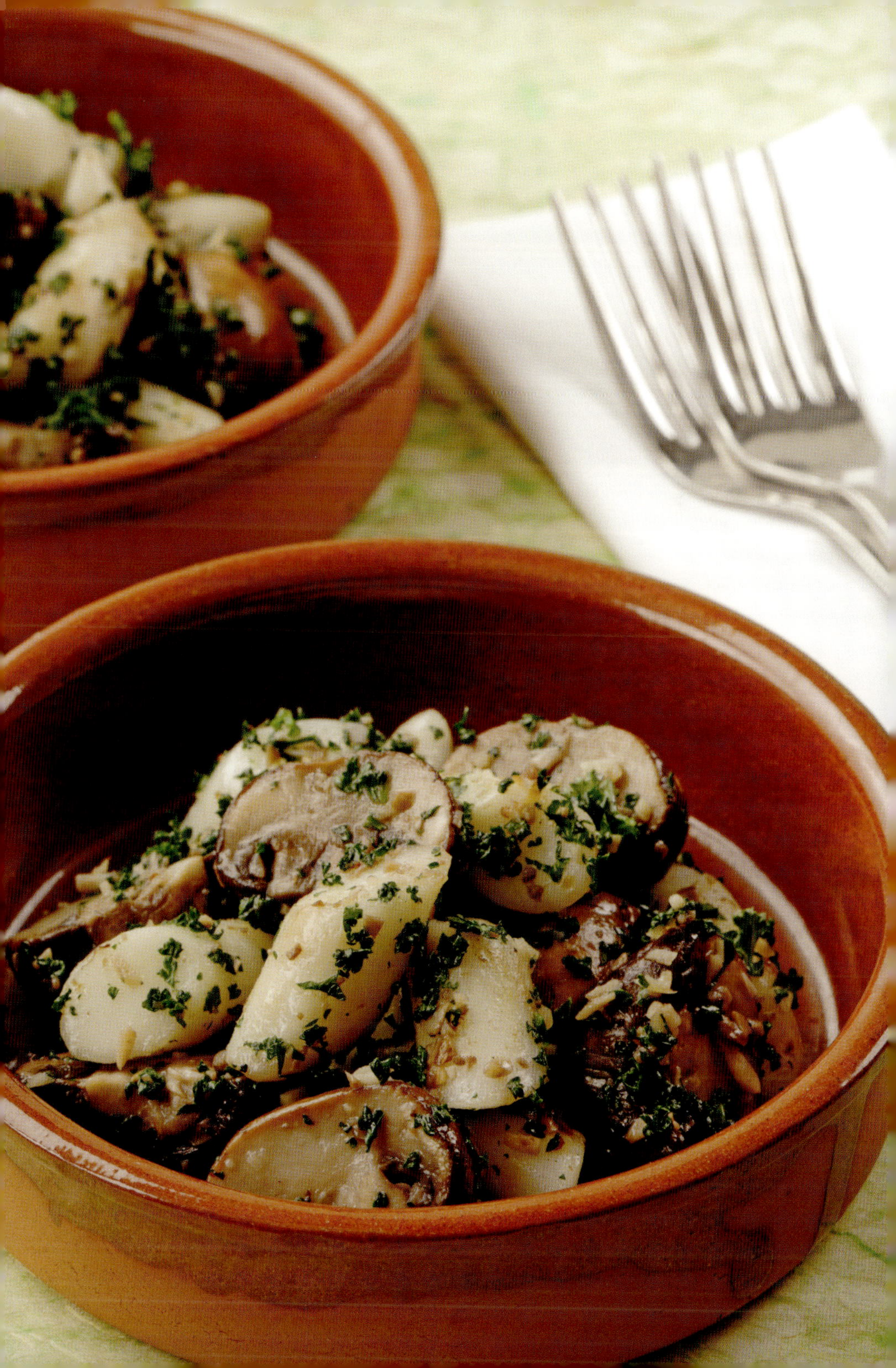

いかの旨みがトッポギにしみ込んだ
# いか芋煮

材料（2人分）
- トッポギ　160g
  （市販の薄切り20枚）
- するめいか　1ぱい
- さといも　小4個
- 煮汁ヤンニョム（酒1/4カップ
  　しょうゆ1/4カップ
  　三温糖大さじ1　水3/4カップ）
- ゆず　適宜

1. トッポギは下ゆでする。
2. いかはわたと骨を取り1.5cmの輪切りにする。足は目、烏とんびを取り、2本ずつに切り離す。
3. さといもは皮をむいて2cmの輪切りにし、やわらかくゆでる。
4. 煮汁ヤンニョムの材料を鍋に入れて煮立て、いかを加える。
5. いかに火が通ったらトッポギ、さといもを入れて火をとめる。
6. 煮汁に浸けたまま冷まし、食べる直前に温めて器に盛り、ゆずのせん切りをのせる。

**point** 煮汁が冷めるときにトッポギとさといもに味がしみ込むので、しっかりと冷ましましょう。

Part 3　私のトッポギ 私の味

酸味の効いたトマトで作る
# トマたまスープ

材料（2人分）

- トッポギ　40g
  （市販の雪だるま形のもの10個）
- トマト（中）　1個（酸味のあるもの）
- 鶏ももひき肉　20g
- 卵　1個
- 塩　小さじ1
- ローリエ　1枚
- 片栗粉　小さじ2
- パセリのみじん切り　適宜

1　トッポギは下ゆでする。
2　トマトは湯むきしてざく切りにし、フードプロセッサーで液状にする。
3　鍋に水1と1/2カップとローリエ、鶏ひき肉を入れて（写真①）火にかけ、あくを取りながら中火で5〜6分煮る。2を加え、5〜6分煮る。 
4　塩を加え、小さじ2の水で溶いた片栗粉を入れて（写真②）とろみをつける。 
5　トッポギを入れ、溶き卵を回し入れる。
6　器に盛り、パセリをのせる。

point　市販の6cmのトッポギを使うなら長さを1/3にするか小さめのものを選ぶとよいでしょう。

甘辛万能ヤンニョムソースを使って
# 手羽中ヤンニョムチキン

## 材料（2人分）

- トッポギ　120g
  （市販の6cmのもの10本）
- 手羽中　10本
- つけだれ用ヤンニョム
  （ごま油小さじ1　しょうがのすりおろし小さじ1　にんにくのみじん切り小さじ1　塩小さじ1/2）
- 味付け用ヤンニョム（コチュジャン大さじ1と1/2　はちみつ大さじ1　水あめ大さじ1　唐辛子の粉小さじ1と1/2　しょうゆ小さじ1と1/2　梅干し1個　水大さじ3）
- 片栗粉　大さじ2
- 揚げ油　適量
- 白ごま　小さじ1
- 砕いたアーモンド　適宜
- サラダ菜　適宜

1. トッポギは下ゆでをする。
2. 手羽中は流水で洗って水気を取り、つけだれをからめて30分置いて下味をつける。
3. 2に片栗粉をつけ130〜140℃の油で5分揚げて取り出し、油の温度を180℃に上げて再びきつね色になるまでカラッと揚げる。
4. ヤンニョムの梅干しは種をとって包丁でたたき、ヤンニョムの材料と一緒に鍋に入れてトロリとするまで煮詰める。
5. 1と3を4の鍋に入れてアーモンド、白ごまと一緒にあえる。
6. 器にサラダ菜を敷いて盛り付け、好みでアーモンドをふりかける。

**point**　味付けのヤンニョムにたたいた梅干しを加えることで味に深みが出ます。

Part 3　私のトッポギ 私の味

具のうまみ同士がからんだ
# 根菜栄養汁

材料（2人分）
- カレトック　150g
- 鶏もも肉　100g
- ごぼう　1/4本
- 大根　70g
- にんじん　1/5本
- しいたけ　2枚
- さといも（中）　1個
- 長ねぎ　1/2本
- こんにゃく（黒）　1/5枚
- かつおだし　2と1/2カップ
- しょうゆ　大さじ2
- 酒　大さじ1
- 塩　適宜

1 カレトック（作り方は8ページ）で15gのだんごを10個作り、下ゆでする。
2 鶏肉は一口大に切る。
3 ごぼうは斜め薄切りにし水にさらす。大根、にんじんは2～3mm厚さのいちょう切りにする。
4 しいたけは軸を取り2～4等分に切る。こんにゃくは2.5cmの色紙切りにする。
5 さといもは7～8mm厚さの輪切りにして下ゆでする。長ねぎは1cmの輪切りにする。
6 2～4の材料とかつおだしを鍋に入れ、あくを取りながら具材がやわらかくなるまで煮る。
7 1と5を入れてしょうゆと酒で味をつけ、長ねぎに火が通ったら塩で味を調える。

**point** 鶏肉の代わりに炒めた豆腐を加えてけんちん汁にしてもおいしい。

**小幡洋子** おばた・ようこ

トッポギの形や色のかわいらしさ、もちもちとした食感が大好きです。お酒のおつまみとしてアレンジしてみましたが、みそとの相性が想像以上によくてビックリ。日本のお酒はもちろん、韓国のお酒やワインにも合います。ぜひお試しください！

横浜市在住。韓国旅行がきっかけで韓国語学習を始め、韓国料理にも興味を持つ。趙善玉料理研究院の院長が作る「赤くて辛い」韓国料理のイメージを覆す繊細な味にひかれ、本格的に韓国料理を学ぶ決意をし、現在修業中。パンの講師の資格と合わせて、食べた人が元気に、笑顔になれる料理を提供していきたいと考えている。

ポッサムを八丁みそと合わせて

# 豚肉のコーラ煮ポッサム風

材料（2人分）
- トッポギ　140g
  （市販の6cmのもの 14本）
- 豚肉（ばら肉またはロースのブロック）150g
- コーラ　2カップ
- しょうゆ　大さじ2
- 白菜（葉の部分）　3枚
- しその葉（またはえごまの葉）　1枚
- 豚肉の下ゆで用
   長ねぎの青い部分20cm
   しょうが1片
   にんにく1片
   水5カップ
- ヤンニョム
   八丁みそ大さじ1
   砂糖小さじ1
   昆布だし小さじ1

1 豚肉と下ゆで用の材料を火にかけ、アクを取りながら（写真①）30分ほど煮る。 
2 肉を小鍋に移し、コーラとしょうゆを入れて火にかけ、沸騰したら弱火で40分煮る。
3 煮詰めて（写真②）火をとめ、そのまま味をしみ込ませる。 
4 トッポギは2分ゆでて水気をきり、肉の煮汁をからめて下味をつける。
5 ヤンニョムの材料を混ぜ合わせる。
6 白菜の葉は4等分して、器に盛る。肉は1cm幅に切り、トッポギと盛り付ける。
7 しその葉に **5** を盛って添える。白菜で肉とトッポギを巻き、**5** をつけて食べる。

**point** 豚肉のゆで汁には肉のうまみが出ているので、野菜を加えてスープにしてもおいしい。

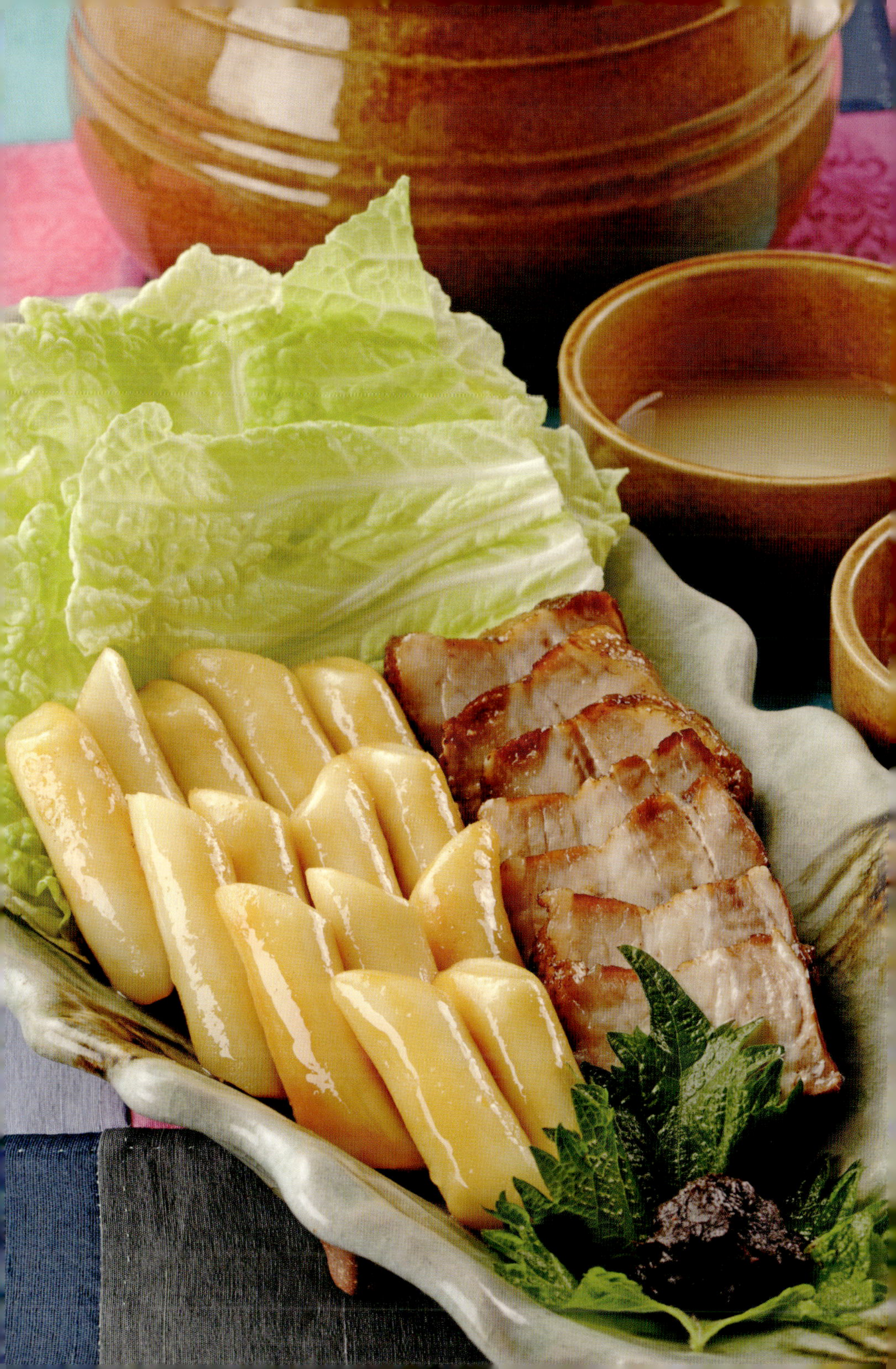

白みそとカレーの相性バツグン！
# 鶏とねぎのみそカレー煮

### 材料（2人分）
- トッポギ　150g
　（市販の薄切り 26枚）
- 鶏もも肉　140g
- 長ねぎ（白い部分）20cm
- 長ねぎ（青い部分）5cm
- ヤンニョム
　白みそ大さじ2
　砂糖小さじ1
　しょうゆ小さじ1
　カレー粉小さじ1
　昆布だし 1/4 カップ
　塩少々
- サラダ油　適量

1. トッポギは1分ほどゆでて水気をきり、ごま油と塩各少々（ともに分量外）をまぶす。
2. 鶏もも肉は一口大に切り、塩、こしょう（ともに分量外）を軽くふって20分置く。
3. 長ねぎは白い部分を4つに切り、縦2等分する。青い部分は5mm幅の斜め切りにする。
4. ヤンニョムの材料をよく混ぜる。
5. フライパンにサラダ油を強火で熱し、鶏もも肉を炒める。肉の色が白くなったら中火にし、長ねぎの白い部分を加えて炒める。
6. 長ねぎが透き通ったら、トッポギも加えて少し炒める。油が全体に回ったらヤンニョムを加えて混ぜ合わせ、5分ほど煮る。
7. 長ねぎの青い部分を加え、手早く混ぜて火をとめる。

**point** 長ねぎの青い部分を入れてからは火を通しすぎないようにし、色よく仕上げます。

Part 3　私のトッポギ 私の味

カレトックを華やかに飾って
# みそ煮おでん

### 材料（2人分）

- カレトック　150g（作り方は8ページ）
- 大根　200g
- こんにゃく　1/3枚
- にんじん　80g
- がんもどき　（小）4個
- ゆで卵　2個
- 昆布だし　5カップ
- ヤンニョム
  みそ大さじ3
  酒大さじ3
  みりん大さじ2
  しょうゆ大さじ1
  塩小さじ1
- 米のとぎ汁　適量

1. カレトックを4つに分け、1つは白いまま、残りをピンク、黄色、緑に着色する。各色2つに分け18cmの棒状に伸ばす。好みの3色で三つ編みを2本作り、3等分して6本に。ごま油と塩各少々（分量外）をまぶす。
2. 大根は1cm厚さに切って皮をむき、米のとぎ汁（なければ湯）で10分ほど下ゆでする。
3. こんにゃくは8mm厚さに切り、中央に切り込みを入れて片方の端を通し手綱こんにゃくにする。5分ほど下ゆでし、水気をきる。
4. にんじんは5mm厚さに切って下ゆでし、花型に抜く。がんもどきは熱湯をかける。
5. **2〜4と昆布だしを弱火で40分煮てヤンニョムで味付けし、さらに20分ほど煮て火をとめ、カレトックを入れて味を含ませる。**
6. 器に盛って、半分に切ったゆで卵を添える。

**point**　大根の底に隠し包丁を十字に入れておくと、味がしみ込みやすくなります。

4種類のヤンニョムが楽しい
# トッポギ田楽

材料（2人分）
- トッポギ　140g
（市販の6cmのもの8本）
- 干し柿　大1個
- ゆずみそヤンニョム（ゆずの皮すりおろし小1個分　ゆずの搾り汁小さじ1～2　みそ大さじ1　砂糖小さじ1　ごま油小さじ1）
- くるみ八丁みそヤンニョム（くるみ20g　八丁みそ大さじ1/2　砂糖小さじ1）
- えごまみそヤンニョム（えごまの葉のみじん切り1枚分　みそ大さじ1　砂糖小さじ1　えごま油小さじ1）
- ほうれん草みそヤンニョム（ほうれん草の葉の部分2株分　白みそ大さじ2　かぼちゃの種油大さじ1　砂糖小さじ1）

※えごま油、かぼちゃの種油は126ページ参照。なければオリーブ油で代用。

1　トッポギは2分ほどゆでて水気をきり、サラダ油と塩各少々（ともに分量外）で下味をつける。両端を切りそろえる。
2　干し柿は観音開きにし、トッポギと同じ大きさの8つに切る。
3　串4本に1と2を交互に刺す（写真①）。
4　ゆずみそヤンニョムの材料を混ぜる。
5　くるみ八丁みそヤンニョムは、くるみを炒ってすり鉢ですり、ほかの材料と混ぜる。
6　えごまみそヤンニョムの材料を混ぜる。
7　ほうれん草みそヤンニョムは、ほうれん草をゆでてすり鉢ですり、ほかの材料と混ぜる。
8　3に4～7をスプーンで塗る（写真②）。

point　干し柿は、内側を表に出すほうが色がきれいです。

Part 3　私のトッポギ 私の味

あみの塩辛のソースがポイント！
# 野菜と雪だるまのバーニャカウダー

材料（2人分）
- トッポギ　48g
  （市販の雪だるま形のもの12個）
- かぼちゃ　80g
- ブロッコリー　2房
- きゅうり　5cm
- パプリカ（赤）　1/2個
- パプリカ（黄）　1/2個
- ソーセージ　2本
- サラダ菜　2枚
- バーニャカウダーソース
  オリーブ油 1/4カップ
  牛乳 1/4カップ
  にんにくのすりおろし2片分
  みそ小さじ2
  あみの塩辛のみじん切り小さじ1

1 トッポギは1分30秒ほどゆでて水気をきり、ごま油と塩（ともに分量外）をまぶす。
2 かぼちゃは5mm厚さに切り、皿に並べて大さじ1の水をかけ、ラップをして600Wの電子レンジで2分加熱する。
3 ブロッコリーは房に分け、熱湯（塩をひとつまみ入れる）で1分ゆでて水気をきる。
4 きゅうりは縦4つに切る。パプリカは1cm幅に切り、両端を切りそろえる。
5 ソーセージは食べやすいように切り込みを4カ所入れ、熱湯で3分ほどゆでる。
6 あみの塩辛以外のバーニャカウダーソースの材料をひと煮立ちさせて火をとめる。小皿に入れて、あみの塩辛を混ぜる。
7 器にサラダ菜を敷いて **1〜6** を盛り、バーニャカウダーソースをつけながら食べる。

**point** 野菜はかぶやアスパラガス、キャベツなど、旬のものを好みで使います。

**宝珠千可** ほうじゅ・ちか

故郷の全羅道は食材が豊富で、韓国で最も食文化が発達した地域。おいしいものがたくさんあります。トッポギと相性のいい料理はいくつも考えられますが、私の田舎の郷土料理からヘルシーなものを選びました。おいしく食べて健康に！

韓国全羅北道金堤市出身。小さいころから料理に興味を持ち、母の料理を食べながら覚えていった。結婚後も義母が料理上手で大きな影響を受ける。18年前に日本に来て、姉の趙善玉の料理を手伝っていたが、いったん韓国に戻って料理学校で3年ほど学ぶ。再び来日してからは、趙善玉の料理がらみの仕事には片腕となって働き、自身もさらに料理の修業を続けている。

カラフルトッポギでおもてなしに
# 五色トッポギともやしのあえ物

## 材料（2人分）

- トッポギ　100g（各色の細いトッポギ　作り方は8ページ）
- もやし　200g
- 干ししいたけ　2枚
- 昆布　5×5cm 1枚
- せり　1/4束
- にんじん 1/5本
- トッポギ下味用ヤンニョム
　（ごま油小さじ1　塩小さじ1/3）
- 味付け用ヤンニョム
　梨の果汁大さじ3
　唐辛子の粉大さじ2
　酢大さじ2　砂糖大さじ2
　ごま大さじ1
　にんにくのみじん切り大さじ1/2
　しょうゆ小さじ1
　塩小さじ1/2

※梨の果汁がない季節はりんご果汁で。

1　トッポギはやわらかくゆでて、下味をからめる。
2　もやしは塩ゆでして冷水にとり、ざるに上げて水気をきる。
3　干ししいたけは水で戻し、水気を絞ってせん切りにする。
4　昆布は湯に5分ほど浸けてやわらかくしてからせん切りにする。
5　せりは5cm長さに切り、にんじんはせん切りにする。
6　ヤンニョムの材料を混ぜ合わせ、1〜5を加えてあえる。

**point** もやしをゆでるときは、透明感が出たらすぐに上げて冷水に浸けます。これでしゃきしゃき感が出ます。

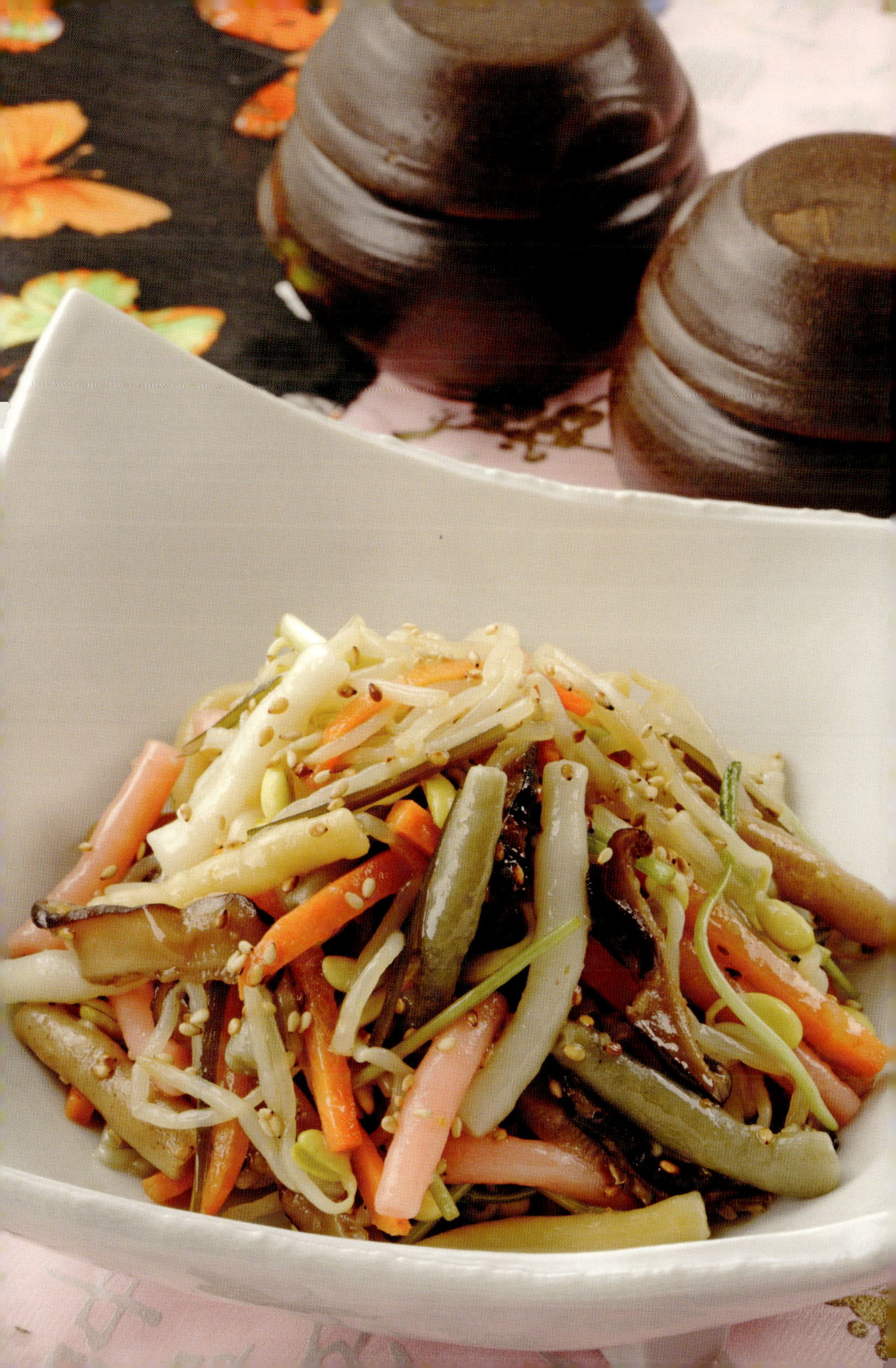

おなじみ料理にもちもち感をプラス
# トッポギチャプチェ

材料（2人分）
- トッポギ　140g（市販の6cmのもの14本）
- タンミョン　50g
　　下味（塩小さじ1/4　ごま油小さじ1）
- 牛肉　100g　下味（しょうゆ大さじ2
　　ごま油小さじ1　砂糖小さじ1
　　にんにくのみじん切り小さじ1/2）
- 干ししいたけ　3個　下味（しょうゆ大さじ2
　　ごま・油・砂糖各小さじ1
　　にんにくのみじん切り小さじ1/2）
- にんじん 1/4 本
- 玉ねぎ　1/2 個
- ピーマン　1個
- サラダ油　少々
- ごま油・塩・ごま　各適量
- ヤンニョム（しょうゆ・水あめ各大さじ2
　　ごま油大さじ1　にんにくのみじん切り
　　小さじ1　塩・ごま各少々）

1 トッポギ、タンミョン、干ししいたけはそれぞれぬるま湯に浸ける。タンミョンは水気をきって、食べやすい大きさに切り、下味をからめる。
2 牛肉は血をふき取り、せん切りにして下味をからめる。しいたけは軸を取ってせん切りにし、下味をつける。
3 野菜はすべてせん切りにし、それぞれごま油と塩各少々で炒め、ごまをふる。
4 サラダ油で牛肉を炒め、しいたけを炒め合わせて水2カップ、トッポギを加える。トッポギがやわらかくなったらタンミョンを入れて煮詰め、ヤンニョムを混ぜる。
5 ボウルに 3 と 4 を入れて混ぜ合わせる。

**point** タンミョンはどんどん汁気を吸うので、この料理は食べる直前に作ること。

Part 3　私のトッポギ 私の味

食欲をそそる香ばしさ
# 具だくさん えごまスープ

材料（2人分）

- トッポギ　60g（市販の3cmのもの12個）
  下味（ごま油小さじ1　塩小さじ1/3）
- 豚肉　100g　下味（しょうゆ大さじ1と1/2　にんにくのみじん切り小さじ1　ごま油小さじ1　酒小さじ1）
- えび　100g　下味（しょうゆ大さじ1と1/2　にんにくのみじん切り小さじ1　ごま油小さじ1　酒小さじ1）
- 豆腐　1/2丁
- 玉ねぎ　1/4本
- 長ねぎ　1/3本
- えごまの粉　1/4カップ
- サラダ油　少々
- しょうゆ　大さじ1/2

※えごまの粉はえごまをすりつぶしたもの。韓国食材店やネットで手に入る。

1　トッポギはゆでてから下味をからめる。
2　えごまの粉に水3カップを加えてざるでこし（写真①）えごまの水を準備する。
3　豚肉は食べやすく切り、えびは殻をむいて背わたを取る。それぞれに下味をつける。
4　豆腐は食べやすい大きさに切る。玉ねぎは細切りにして、長ねぎは斜めに切る。
5　サラダ油で豚肉を炒め、えび、豆腐、えごまの水を入れて（写真②）沸かし、トッポギ、玉ねぎを入れてしょうゆで味付けをする。
6　最後に長ねぎを入れて仕上げる。

**point**　簡単にしたいときは水で調理し、最後にえごまの粉を入れて火をとめる方法もあります。

87

おでんとトッポギでより韓国風に
# 豆腐と野菜の炒め物

材料（2人分）
- トッポギ　120g（市販の雪だるま形24個）
  下味（ごま油小さじ1　塩小さじ1/4）
- 豆腐　1/2丁
- 豚肉　100g　下味（しょうゆ大さじ1
  ごま油小さじ1　すりごま小さじ1
  にんにくのみじん切り小さじ1）
- 韓国おでん　1枚　下味（しょうゆ大さじ
  1/2　ごま油小さじ1　すりごま小さじ1
  にんにくのみじん切り小さじ1/3）
- 玉ねぎ　1/2個　　・にんじん　1/5本
- キャベツ　1/8個　・長ねぎ　1本
- えごまの葉　4枚　・サラダ油　少々
- すりごま　大さじ1
- ヤンニョム（砂糖大さじ2と1/2
  コチュジャン大さじ2　酒大さじ1
  唐辛子の粉小さじ1　しょうゆ大さじ1
  ごま油小さじ1　塩少々）

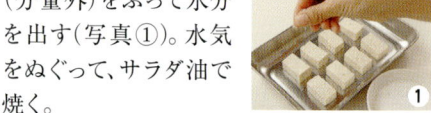

1　トッポギはやわらかくゆでて、下味をつける。
2　豆腐は5cm長さの棒状に切り、塩小さじ1/4（分量外）をふって水分を出す（写真①）。水気をぬぐって、サラダ油で焼く。
3　豚肉、おでんは一口大に切り下味をつける。
4　玉ねぎは1cm幅に切る。にんじんは短冊切り、キャベツはざく切りにする。
5　えごまの葉はざく切り、長ねぎは斜め切り。
6　ヤンニョムを混ぜ合わせる。
7　水1/2カップを煮立て3を加える。6の半量と4を入れて煮る。
8　トッポギ（写真②）と豆腐、残りのヤンニョム、水少々を加えて、汁気がなくなるまで煮る。最後に5を入れて、すりごまをふる。

**point**　豆腐を焼くと香ばしく、崩れにくくなります。

Part 3　私のトッポギ 私の味

歯応えの違いを楽しむ
# ごぼう炒め

材料（2人分）

- トッポギ 120g（市販の6cmのもの12本）
  下味（ごま油小さじ1　塩小さじ1/3）
- ごぼう1本　ごぼうの酢水（水1カップ　酢大さじ1）
- ごま油　大さじ1/2
- ヤンニョムA（しょうゆ大さじ1
  酒大さじ1　水あめ大さじ1
  すりごま大さじ1　玉ねぎエキス大さじ1/2　ごま油小さじ1）
- ヤンニョムB（りんごエキス大さじ2
  しょうゆ大さじ1　ごま大さじ1
  ごま油小さじ1）

※玉ねぎエキス、りんごエキスは趙善玉のオリジナル酵素エキス。代用は砂糖で。

**1** トッポギは塩ゆでして冷水にとり、ざるに上げる。水気をきって細く切り、下味をからめる。

**2** ごぼうは皮をこそげて5cm長さのせん切りにし、酢水に10分ほど浸けて洗い、ざるに上げて水気をきる。

**3** フライパンにごま油を熱して**2**をさっと炒め、ヤンニョムAを加えて炒める。しんなりしたら**1**を加えて、ヤンニョムBを加えて炒める。

**point** ごぼうは火が通りにくいので、しっかり炒めます。

### 野原 由美 のはら・ゆみ

トッポギを料理だけに使うのはもったいないと思い、私が得意とするコーヒーを使ったレシピを考案しました。トッポギは生地から作れば、味も形も自由自在。もちもちした食感は日本人も大好きになります。一緒に飲むとおいしいおすすめドリンクもご紹介します☆

静岡県出身。東京・目黒区にあるバンタンキャリアスクールにてドリンク講師アシスタントとして勤務しているとき、趙善玉料理研究院で韓国菓子を知る。以降、同研究院にてアシスタントとして働きながら韓国料理、餅菓子を学ぶ。現在は日韓でコーヒーと韓国餅菓子のマリアージュの教室を主宰しながらコーヒーに合う料理も研究中。

カリカリとモチモチが楽しい一品
# 餅チヂミサンド

## 材料（2人分）

- トッポギ　30g（市販の薄切り6枚）
- 玉ねぎ　1/4個
- にんじん　1/5個
- ゆで卵　1個
- サラダ菜　2枚
- ごま油　適量
- チヂミ生地
    小麦粉・水各1カップ
    キムチ大さじ5
    ごま油大さじ2
    しょうゆ小さじ1　塩少々
- ヤンニョム
    トマトピューレ 1/2 カップ
    はちみつ大さじ2～3
    コチュジャン大さじ1
    しょうゆ大さじ1
    酒大さじ1
    ごま油大さじ1
    にんにくのすりおろし小さじ 1/2
    塩少々
- コーヒーソース
    コーヒー 1/2 カップ
    水溶き片栗粉小さじ 1/3

1. ヤンニョムの材料をとろみが出るまで煮詰める。
2. コーヒーソースのコーヒーを弱火で温め、水溶き片栗粉を少しずつ加えてとろみを出す（写真①）。 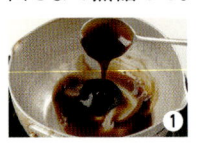
3. トッポギはゆでて流水にさらし、水きりしてごま油少々をまぶす。
4. 玉ねぎは3mm厚さ、ゆで卵は5mm厚さの輪切り、にんじんは3mm厚さの斜め切りにする。
5. ごま油大さじ2を熱し、玉ねぎ、にんじんの順に塩一つまみ（分量外）を加えて炒める。
6. チヂミの生地のキムチはみじん切りにしてほかの材料と合わせ、直径8cmのチヂミを4枚焼く（写真②）。 
7. 皿にサラダ菜を敷き、チヂミ、玉ねぎ、トッポギ、にんじん、ゆで卵、チヂミの順にサンドする。1、2を添え、好みの量をかける。

**point** チヂミを多めの油で焼くとカリカリとモチモチ2つの食感が楽しめます。深煎り豆のアイスコーヒーとの相性バツグンです。

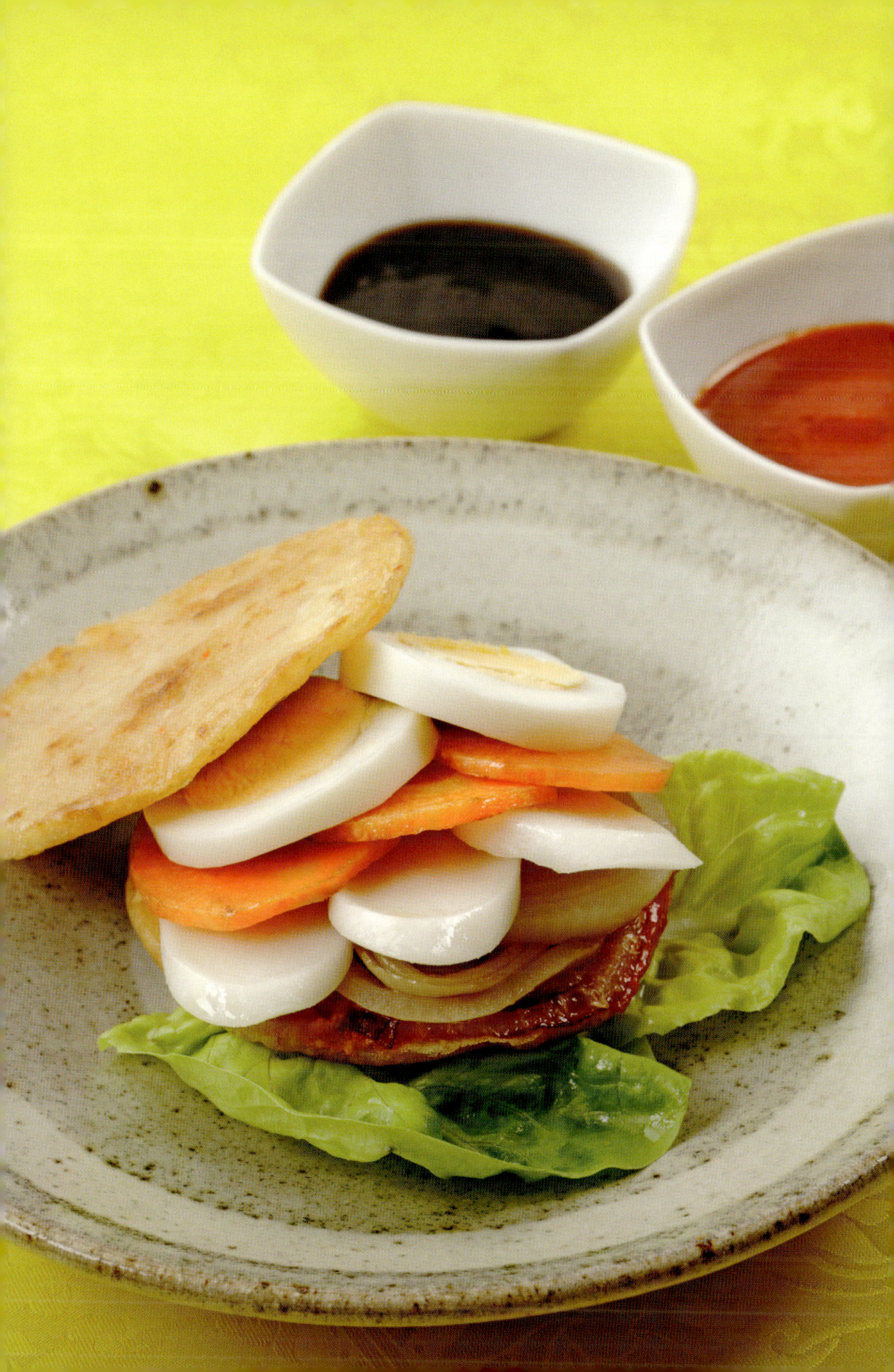

ふわふわのカプチーノと一緒に☆
# コーヒーガレトックカナッペ

材料（2人分）

- 米粉　1/2カップ
- 薄力粉　1/4カップ
- 塩　小さじ1/3
- コーヒー　1/2～1カップ
- クリームチーズディップ
  　クリームチーズ大さじ5
  　くるみ3個
  　ドライいちじく1個
  　はちみつ大さじ1
  　アイリッシュクリーム小さじ1と1/2
- バター　適宜
- 黒こしょう　適宜

1 米粉、薄力粉、塩を混ぜ合わせる。
2 コーヒーを少しずつ加え、耳たぶくらいの固さになるまで手で練り混ぜる。
3 くるみは粗く刻む。ドライいちじくは1cm角に切る。
4 クリームチーズディップの材料をすべて混ぜ合わせる。
5 2の生地を好きな形にし、表面に溶かしたバターを塗って温めたトースターで5～8分間、表面に焼き色がつくまで焼く。
6 4を好みの量のせて、黒こしょうをふる。ディップはいちじくが見えるようにのせるときれい見える。

point 米粉が多すぎると焼いたときに溶けてしまうので分量どおりに作ってください。牛乳たっぷりのカプチーノがよく合います。

Part 3　私のトッポギ 私の味

甘じょっぱさがクセになります
# くるくるトッポギ

### 材料（2人分）

- トッポギ　100g
  （市販の6cmのもの10本）
- のり　1枚
- 薄切りベーコン　2枚
- サラダ油　大さじ2
- 塩　小さじ1/2
- コーヒー蜜
  　黒砂糖1カップ
  　コーヒー 1/2 カップ
  　しょうが汁小さじ1
  　水 1/2 カップ

1. トッポギはやわらかくなるまでゆで、流水にさらして水きりをする。サラダ油大さじ1、塩をまんべんなくまぶしておく。
2. ベーコン、のりは10等分に切っておく。
3. トッポギを中心にのり、ベーコンの順番に巻き、楊枝で留める。
4. 鍋にコーヒー蜜の材料を入れて弱火にかけ、ややとろみが出るまで煮る。
5. フライパンにサラダ油大さじ1を熱し、**3**を隣同士がくっつかないように入れベーコンの表面に焼き色がつくまで焼く。
6. 皿に盛り付け、別皿にコーヒー蜜を入れて添える。蜜をかけて食べる。

**point**　黒砂糖をグラニュー糖にするとさっぱりとしたコーヒー蜜に。おすすめドリンクは目によいといわれ香ばしさが特徴のトゥングレ茶（あまどころ茶）。

ごま油の香りが食欲をそそる
# 韓国のりトッポギ

### 材料（2人分）

- トッポギ　100g
  （市販の6cmのもの10本）
- 韓国のり（のり巻き用）　10枚
- 煮干しのだし汁　2カップ
- ごま油　大さじ2
- ヤンニョム
  - しょうゆ大さじ4
  - ごま油大さじ2
  - 酒大さじ1
  - インスタントコーヒー
    （甘くないタイプ）小さじ1
  - 砂糖ひとつまみ
  - 塩適宜

1. 韓国のりを手で細かくし、だし汁の中に2時間ほど浸けておく。（写真①） 
2. トッポギはやや芯が残る程度にゆで、水で洗って水きりし、ごま油大さじ1をまぶす。
3. フライパンにヤンニョムを全て入れて中火にかけ、沸騰したら①をだし汁ごと加えて弱火にする。焦がさないよう気をつけながら木べらで混ぜ、もったりするまで煮詰めて（写真②）最後塩で味を調整する。 
4. 別のフライパンにごま油大さじ1を熱してトッポギを焼き色がつくまで中火で焼く。
5. 皿に 3、4 を盛り付け、トッポギにヤンニョムをつけて食べる。

**point** ヤンニョムはトーストした食パンにクリームチーズと一緒にのせて食べるとマシッソヨ（おいしい）！ 日本の緑茶ともよく合います。

Part 3　私のトッポギ 私の味

浸しながら食べる。新しい餅スイーツ！
# コーヒーフォンデュ

材料（2人分）
- 好みのトッポギ　100g
  （やや太めの3cmのもの10本）
- 卵黄　2個分
- グラニュー糖　大さじ3
- 薄力粉　大さじ2
- 極細挽きコーヒー粉　大さじ1
- 牛乳　1カップ
- コアントロー　大さじ1
- ヤンニョム
   コンデンスミルク大さじ1
   コアントロー小さじ1
   バニラオイル2、3滴
- マシュマロ　適量
- いちご　適量

1　トッポギはやわらかくゆで、流水にさらして水きりをし、コアントローをまぶす。
2　卵黄、グラニュー糖を混ぜ合わせ、ふるった薄力粉、コーヒー粉を加えてよく混ぜる。鍋に移し、弱火にかけながら混ぜる。
3　牛乳を人肌に温めて**2**に少しずつ加え、さらによく混ぜる。
4　火をとめてざるでこし、再び鍋に戻して弱火にかけ、焦げないように注意しながらとろみが出るまで木べらでそのまま混ぜ続ける。
5　ヨーグルトくらいの固さになったら1度火をとめてヤンニョムを加える。
6　いちご、マシュマロを好みの形に抜く。
7　フォンデュ用鍋に**5**を移して弱火にかけ、皿に盛ったトッポギや**6**を浸して食べる。

**point**　フォンデュ用鍋に移す前に、もう1度ざるでこすとさらに滑らかな舌触りになります。キャラメルラテやカフェモカなどとご一緒に。

### 西山 睦美 にしやま・むつみ

トッポギはイタリア料理のパスタやニョッキと通じるものがあります。10年以上修業を続けている大好きなイタリア料理と韓国料理のマリアージュを考案しました。トマト、チーズ、オリーブ油など食材の相性がピッタリで、素敵なマリアージュに。ついついお酒もすすみ、パーティでは意外性で盛り上がるかも。

『冬のソナタ』『チャングムの誓い』などの韓流ドラマがきっかけで韓国料理を勉強し始め、宮廷料理やお餅を究めたいと修業を重ねる。25年間家族の為に毎日食事を作ってても、もっと料理をすることが大好きな主婦。目黒区の自宅では少人数制サロン形式の韓国料理教室「63スラッカン」を開き、身体にやさしい韓国家庭料理、宮廷料理、韓菓子、お餅、伝統茶などを簡単に作れて、おもてなしにもなる料理をご紹介している。

## 鉄分ビタミンたっぷりえごまの葉
# えごまの葉のジェノベーゼ

材料（2人分）
- トッポギ　200g
   （市販の6cmのもの20本）
- えごまの葉　10g（10枚）
- 松の実　10g
- にんにく　1/2 片
- えごま油またはオリーブ油
   大さじ2と1/2
- パルミジャーノチーズ　10g

1　トッポギを塩小さじ1/2（分量外）を入れたお湯でやわらかくなるまでゆでて水きりし、えごま油少々（分量外）をからめておく。
2　えごまの葉、松の実、にんにく、えごま油をミキサーでペースト状にする（またはすり鉢でする）。
3　パルミジャーノチーズを削って粉にし2に混ぜて、1とあえる。

**point**　トッポギは塩少々入れてゆでると下味がつき、おいしくなります。ソースは少量なのでハンドミキサーを利用するか、作りおき用に多めに用意してミキサーにかけると作りやすい。

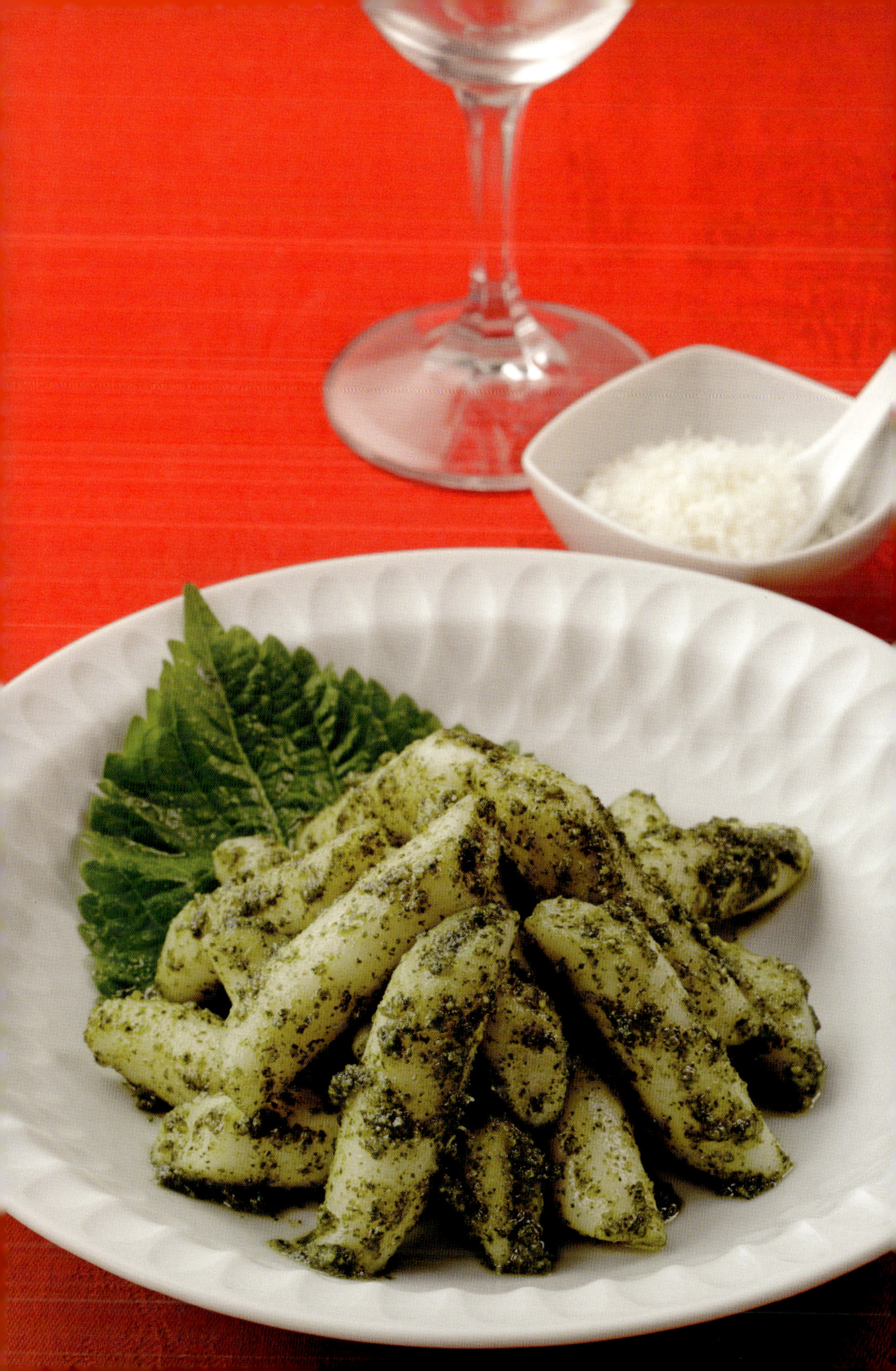

マルサラ酒の風味でおいしい
# 牛肉巻き マルサラソース

### 材料（2人分）

- トッポギ　60g
  （市販の6cmのもの6本）
- 牛薄切り肉（すき焼き用）150g
- スライスチーズ　3枚
- マルサラ酒　大さじ2と1/2
- 生クリーム　1/2カップ
- オリーブ油　適量
- にんにくの薄切り　1/2片分
- 塩・こしょう　各少々
- イタリアンパセリ　少々

※マルサラ酒はイタリアのシチリア島マルサラのワイン。ぶどう発酵後にブランデーを添加して造られる。赤ワインでも代用できるが、独特の風味はマルサラならではのもの。

1 トッポギは塩小さじ1/2（分量外）を入れた湯で5分ほど下ゆでする。
2 牛肉をまな板に広げ、塩・こしょうし、チーズ1/2枚、トッポギ1本をのせて巻く（写真①）。これを6本作る。
3 フライパンにオリーブ油を入れて火にかけ、にんにくを入れ香りが出たら、2を入れて全体をこんがり焼き（写真②）、マルサラ酒を入れてふたをし、弱火で3分蒸し煮する。
4 生クリームを3に入れてからめ、塩・こしょうで味を調え、イタリアンパセリを飾る。

**point** 牛肉は巻き終わりを下にして焼き始めると解けずにきれいに焼けます。

Part 3　私のトッポギ 私の味

コチュジャンが決め手！
# スンデのアマトリチャーナ

材料（2人分）

- トッポギ　120g
  （市販の6cmのもの12本）
- スンデ　1/2袋（125g）
- 玉ねぎ　1/2個
- にんじん　1/3本
- えごまの葉　2枚
- にんにくみじん切り　1/2片分
- ホールトマト缶　1/2缶
- 白ワイン　大さじ2と1/2
- コチュジャン　小さじ1
- ごま油（オリーブ油）少々
- 塩　小さじ1/3
- こしょう　少々

※スンデは小さい袋でも250gあるので、残りはごま塩を付けて食べたり、別の料理に。

1. トッポギは塩小さじ1/2（分量外）を入れて5分ほど下ゆでし、ごま油をからめる。
2. スンデを袋のまま5分ボイルし、1.5cm厚さの輪切りにする。
3. 玉ねぎは5mm幅にスライス、にんじんは短冊切りにする。
4. 鍋にごま油を入れ、にんにくのみじん切りを炒め、3を加え炒める。しんなりしたら白ワイン、コチュジャン、トッポギ、ホールトマトをつぶして加え、8分ほど煮る。
5. スンデを加えて、塩、こしょうで味を調え、弱火で2分煮る。
6. えごまの葉を1cm角くらいに手でちぎり、仕上げに散らす。

**point** コチュジャンを入れると、ピリッと味が締まり、トマトの酸味・甘味がまとまり旨みがアップします。

一皿で食事になる栄養スープ
# ミネストローネ

材料（2人分）
- トッポギ　100g
  （市販の6cmのもの10本）
- ベーコン（ブロック）　50g
- 玉ねぎ　1/2個（100g）
- にんじん　1/3本（100g）
- セロリ　1/2本（50g）
- マッシュルーム　4〜5個
- にんにくの薄切り　1/2片分
- プチトマト　5個
- ローリエ　1枚
- 白ワイン　大さじ2
- オリーブ油　適量
- 塩　小さじ1/2
- こしょう　少々
- （好みで）パルミジャーノチーズ

1 トッポギは1cm幅に切る。プチトマトは半分に切り、そのほかの野菜とベーコンは1cm角のさいの目切りにする。
2 鍋にオリーブ油を入れて火にかけ、にんにくを炒めて香りが出たらトマト以外の **1** を炒める。
3 白ワイン、水4カップ、ローリエを入れ、アクを取りながら15分ほど煮る。
4 プチトマトを入れ、塩・こしょうで味を調える。好みで粉チーズをふる。

**point** トマトは水煮缶でなくプチトマトを使うのがコツ。味がやさしくなり、彩りのよいミネストローネに。

Part 3　私のトッポギ 私の味

パリッもちっプチッのハーモニー
# イタリアン春巻き

材料（2人分）

- トッポギ　40g
  （市販の6cmのもの4本）
- 春巻きの皮　4枚
- スライスチーズ　4枚
- プチトマト　12個
- バジルの葉　8枚
- 水溶き小麦粉
  （小麦粉小さじ1　水小さじ1）
- 揚げ油　適量

1　トッポギは塩小さじ1/2（分量外）を入れて5分ほど下ゆでし、1cm幅に切る。

2　春巻きの皮の角を手前に置き、1/3位のところにバジルの葉2枚をのせ、その上にスライスチーズ1枚をのせ、**1**のトッポギ1cm幅3個（1本分）とプチトマト3個を交互に並べる（写真①）。ひと巻きし、両端を内側に折りたたみ巻いていく。(写真②)

3　皮の先に水溶き小麦粉を塗り、巻き閉じる。残りも同様に作る。

4　揚げ油を170〜180℃に熱し、**3**を3〜4分きつね色になるまで揚げる。

**point**　ゆるく巻くと破裂しやすいので、空気が入らないようにキッチリ巻きましょう。

101

**大島芽美** おおしま・めぐみ

韓国人にとって餅は「生まれてから死ぬまで」生涯をともにし、韓国食文化には欠かせない素材。料理にもよく使われます。餅の中でもなじみのあるトッポギを使って、日本人にもおいしく食べられる韓国餅料理を考えてみました。手に入りくい韓国食材は日本のものでも代用できますから、ぜひ作ってみてくださいね。

大阪市出身。趙善玉院長の本を偶然手にとり、韓国伝統餅・韓国料理の美しさに魅了される。出張ネイリストをしていた経験から、韓国餅にアートを施し、「食・美・癒」をテーマに韓国食文化を世界に広めたいと上京し趙善玉料理研究院にて修業。2014年、大阪で韓国伝統餅・料理教室「Mucue」を開講予定。

豆乳ソースがトッポギによく合う
# かきとねぎの韓国風グラタン

材料（2人分）
- トッポギ 50g
  （市販の薄切り10枚）
- かき　1パック（8粒程度）
- 長ねぎ　1/2本
- しいたけ　2個
- キムチ　50g
- キムチ下味
  （ごま油小さじ1　砂糖小さじ1/2）
- 小麦粉　大さじ1
- 豆乳　125cc
- テンジャン　小さじ1
- バター　15g
  （かき用10g　野菜用5g）
- にんにくのみじん切り　小さじ1
- ピザ用チーズ　大さじ2
- 粉チーズ　大さじ1
- 酒　大さじ1
- 塩　適宜
- こしょう　少々

※テンジャンは韓国のみその一種。なければ、日本の合わせみそで代用できます。

1 かきは塩水で洗い（写真①）、水気をきる。
2 トッポギは塩ゆでする。
3 長ねぎは斜め切りにし、しいたけは一口大に切る。
4 キムチはみじん切りにして下味をつけ、すべての材料をそろえる（写真②）。
5 バター10gを熱し、かきを塩少々、こしょう、酒で軽く炒める。
6 かきを汁ごと取り出し、フライパンをふいて中火にかけ、5gのバターを熱し、にんにく、長ねぎ、しいたけを炒め、塩、こしょうをふって少ししんなりしたら小麦粉を加えて炒める。
7 豆乳を混ぜ、かきを汁ごと戻し入れてテンジャンを加え、とろみがついたら火をとめる。
8 耐熱の器に入れて、上にトッポギ、キムチ、ピザ用チーズ、粉チーズをのせ、オーブントースターで焦げ目がつくまで焼く。

**point** 豆乳はだまにならないように、少しずつよくかき混ぜながら注ぎます。

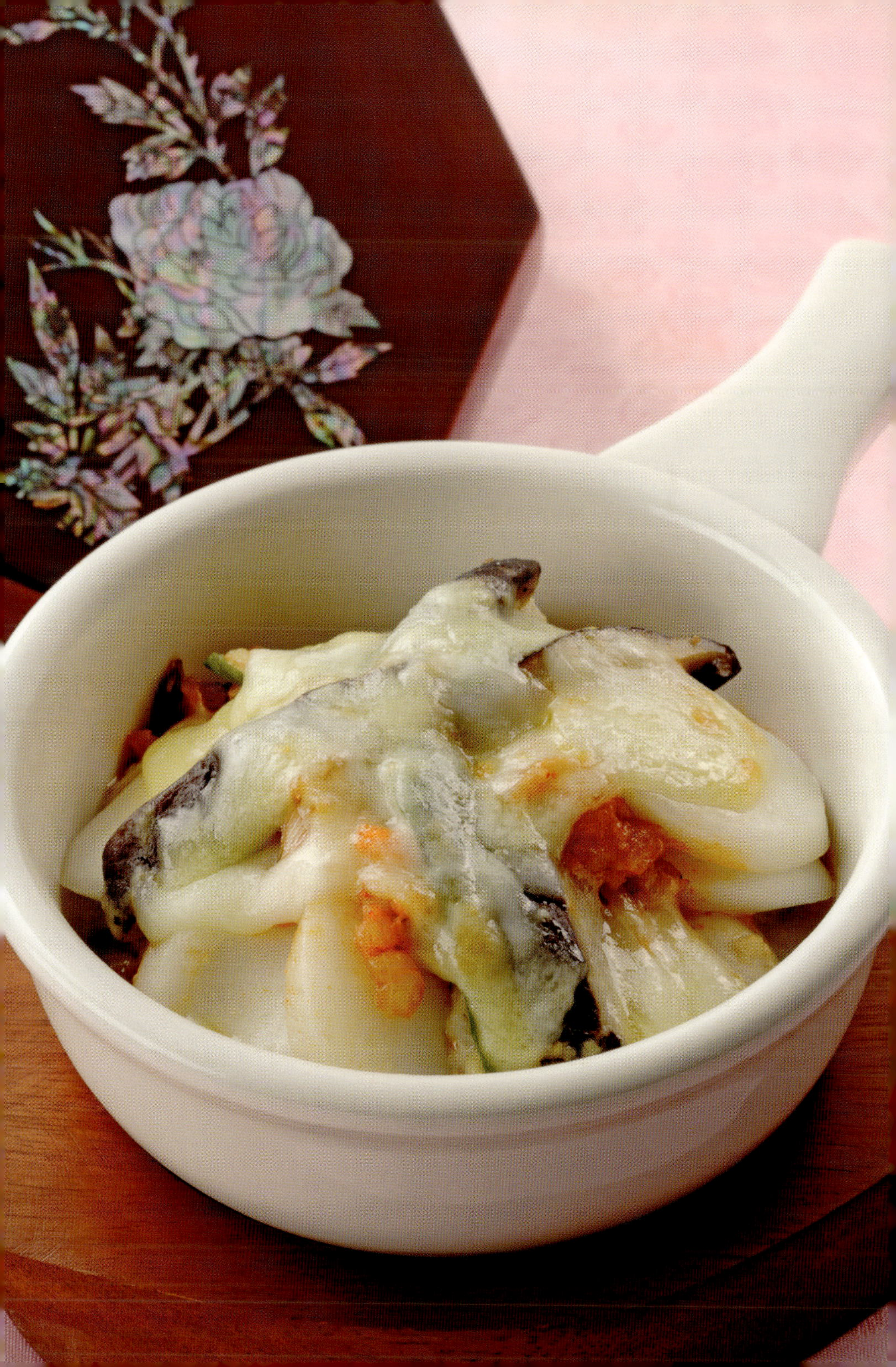

パリっとしたトッポギが香ばしい
# 揚げトッポギと新鮮野菜のサラダ

## 材料（2人分）
- トッポギ　100g
  （市販の6cmのもの10本）
- えごまの葉　5枚
- プチトマト　4個
- 水菜　1/3束
- 大根　1/6本
- トッポギ揚げ用（塩小さじ1/2
  　　ごま小さじ1/2
  　　片栗粉適量　揚げ油適量）
- ドレッシング
  　酢大さじ2
  　あみの塩辛大さじ1
  　砂糖大さじ1/2
  　唐辛子の粉小さじ1
  　ごま油小さじ1
  　ごま小さじ1

1. トッポギはゆでて半分に切り、塩、ごまをからめて片栗粉をまぶし、サッと揚げる。
2. えごまの葉は洗って1cm幅に切り、プチトマトは4等分する。
3. 水菜は3cmぐらいに切り、水にさらして水気をよくきる。大根は皮をむいて、長めの短冊切りにする。
4. ドレッシングの材料を混ぜておく。
5. 皿に野菜、トッポギを盛り付け、ドレッシングをかけて出来上がり。

**point** トッポギは必ずゆでてから揚げてください。そのまま揚げると破裂し非常に危険です。

※あみの塩辛が手に入らないときはアンチョビや塩を使います。
※えごまの葉がなければ大葉で代用してください。

Part 3　私のトッポギ 私の味

トッポギらしく甘辛ソースで！
# エホバクと豚ひき肉のコチュジャン炒め

材料（2人分）
- トッポギ　140g（市販の6cmのもの14本）
- エホバク（韓国かぼちゃ）　1/4個
- 豚ひき肉　150g
- 干ししいたけ　2個
- パプリカ（黄色）　1/2個
- サラダ油　適量
- トッポギ下味用ヤンニョム（しょうゆ小さじ1　にんにくのみじん切り小さじ1/2　すりごま小さじ1/2　ごま油小さじ1）
- 豚ひき肉下味用ヤンニョム（しょうゆ小さじ1　にんにくのみじん切り小さじ1/2　すりごま小さじ1/2　ごま油小さじ1）
- エホバク用下味用ヤンニョム（塩小さじ1/2　にんにくみじん切り小さじ1/2　すりごま小さじ1/2）
- 味付け用ヤンニョム（コチュジャン大さじ2　砂糖大さじ1/2　しょうゆ小さじ1/2）

※エホバクはズッキーニで代用できます。

1　トッポギは少し固めにゆでる。
2　エホバクは半月切りにする。干ししいたけは水で戻し、幅1cmのそぎ切りに。パプリカは1cm幅に切る。
3　トッポギ、豚ひき肉、エホバクにそれぞれ下味用ヤンニョムをからめる。
4　味付け用ヤンニョムの材料を混ぜ合わせる。
5　フライパンにサラダ油を熱し、豚ひき肉を炒め（写真①）、肉の色が変わったら、残りの野菜、トッポギを入れて炒め、最後に味付け用ヤンニョムを加えて（写真②）炒め合わせる。

point　それぞれの具材にしっかり下味をつけることで、おいしく仕上がります。

ピリッとしょうがだれが食欲をそそる
# 鶏肉と野菜のしょうが茶煮

材料（2人分）

- トッポギ　120g
  （市販の6cmのもの12本）
- 手羽元　4本
- にんじん　1/4本
- じゃがいも　1/2個
- ピーマン　1個
- 玉ねぎ　1/2個
- 片栗粉　適宜
- 手羽元下味用ヤンニョム（にんにくのみじん切り小さじ1/2　長ねぎのみじん切り小さじ1/2　しょうゆ小さじ1　すりごま小さじ1/2　ごま油小さじ1）
- 味付け用ヤンニョム（しょうが茶大さじ4　しょうゆ大さじ4　酒大さじ1　水1/2カップ）

1 手羽元は骨に沿って切れ目を入れ、ヤンニョムをからめて下味をつけておく。
2 トッポギは固めにゆでる。
3 にんじん、じゃがいもは食べやすい大きさに切り、面取りしてサッとゆでる。
4 ピーマンは3cm角、玉ねぎは2cm幅に切る。
5 手羽元に片栗粉を薄くまぶし、フライパンに油をひかずに少し焦げ目がつく程度に焼いたら、にんじん、じゃがいも、味付け用ヤンニョムを加えてふたをし、15分程度煮込む。
6 トッポギ、ピーマン、玉ねぎを加えて弱火にし、煮汁がなくなるまで煮込む。

**point** にんじん、じゃがいもは面取りすることで煮崩れを防ぎ、熱が通りやすく、味もしみ込みやすくなります。

※しょうが茶はジャムペースト状になった瓶詰のものを使います。なければゆず茶でもおいしくできます。

Part 3　私のトッポギ 私の味

お酒の肴やパーティーにピッタリ！
# トッポギの海鮮みそプレート

## 材料（2人分）
- トッポギ　60g（市販の6cmのもの4本）
- 小松菜　1/2株
- 韓国のり　4枚
- 海鮮みそ（えび50g　いか50g
　　玉ねぎ1/4個　ピーマン1/4個
　　赤ピーマン1/4個
　　にんにくのみじん切り小さじ1
　　長ねぎのみじん切り小さじ1
　　テンジャン大さじ1
　　コチュジャン大さじ1
　　サラダ油小さじ1
　　ごま油大さじ1　ごま適量）

※かきとねぎの韓国風グラタン（102ページ）でも使ったテンジャンは韓国みその一種。日本のみそと違って、煮込むほどに味が深くなります。

1　海鮮みそを作る。えび、いか、野菜類をみじん切りにする。
2　サラダ油を熱し、玉ねぎ、長ねぎ以外の野菜、えび、いかの順に強火で炒める。
3　テンジャン、コチュジャンを入れて炒め、最後にごま油、ごま、長ねぎ、玉ねぎを入れて混ぜ、火をとめる
4　沸騰した湯に塩・ごま油各少々（ともに分量外）を加え、トッポギをゆでる。
5　皿にすべての材料を盛り付け、小松菜、韓国のり、トッポギ、海鮮みその順に重ねて巻いて食べる。

**point**　海鮮みそには残り野菜をみじん切りにして入れてもOK！　余った海鮮みそはパスタやうどんなどのソースにしてもおいしい。

### 丁 多憙 チョン・ダヒ

小学校時代、お小遣のほとんどはトッポギに。中学校時代、友達と片手にカップトッポギを持って図書館へ。高等学校、受験勉強に疲れるとみんなでスンデをトッポギソースにつけて食べるのが幸せの時間。友達とけんかをしても、トッポギを分け合って食べて仲直り。学生時代、トッポギはいつも私と一緒でした。思い出のトッポギを紹介します。

韓国生まれ。母は韓国で食材や料理がいちばんおいしい全羅南道の出身。その影響で幼いころから料理の大切さや幸せを感じて育ち、大学では料理を専攻。卒業後、料理の道に入り、日本に韓国料理の魅力を伝えたいと来日した。現在、韓国料理講師として活動している。韓国ではフードスタイリストとしても活動し、代表作として『韓国ドラマ食客』(BS日テレ放送)にも参加した。

## 鍋とチャーハンをダブルで楽しむ
# 鍋トッポギ

材料（2人分）
- トッポギ　140g
  （市販の6cmのもの14本）
- 韓国おでん　2枚
- 餃子　4個
- ゆで卵　2個
- スライスチーズ　1枚
- チョル麺　50g
- 玉ねぎ　1/3個
- 長ねぎ　1/2本
- にんじん　1/5本
- キャベツ　3枚
- 昆布だし　2カップ
- ヤンニョム（コチュジャン大さじ3　しょうゆ大さじ1　砂糖大さじ1　水あめ大さじ1　唐辛子の粉小さじ1　にんにくのみじん切り小さじ1）
- チャーハン用（ご飯80g　玉ねぎの粗みじん切り30g　キムチの粗みじん切り30g　万能ねぎ小口切り2本分　ごま油小さじ1　刻みのり10g）

※チョル麺は韓国の麺。非常に腰が強く固いのが特徴。

1. ヤンニョムの材料を混ぜ合わせる。
2. おでんと野菜はすべて食べやすい大きさに切る。
3. 鍋に1と2、トッポギ、昆布だし、餃子、ゆで卵、スライスチーズ、チョル麺を入れてヤンニョムを注ぎ（写真①）卓上のコンロで煮ながら食べる。
4. 食べ終わった汁でチャーハンを作る。ご飯、玉ねぎ、キムチを入れて炒め（写真②）、火が通ったら万能ねぎとのり、ごま油を加える。

**point** ヤンニョムは前日作って熟成させておくと、さらにおいしくなります。

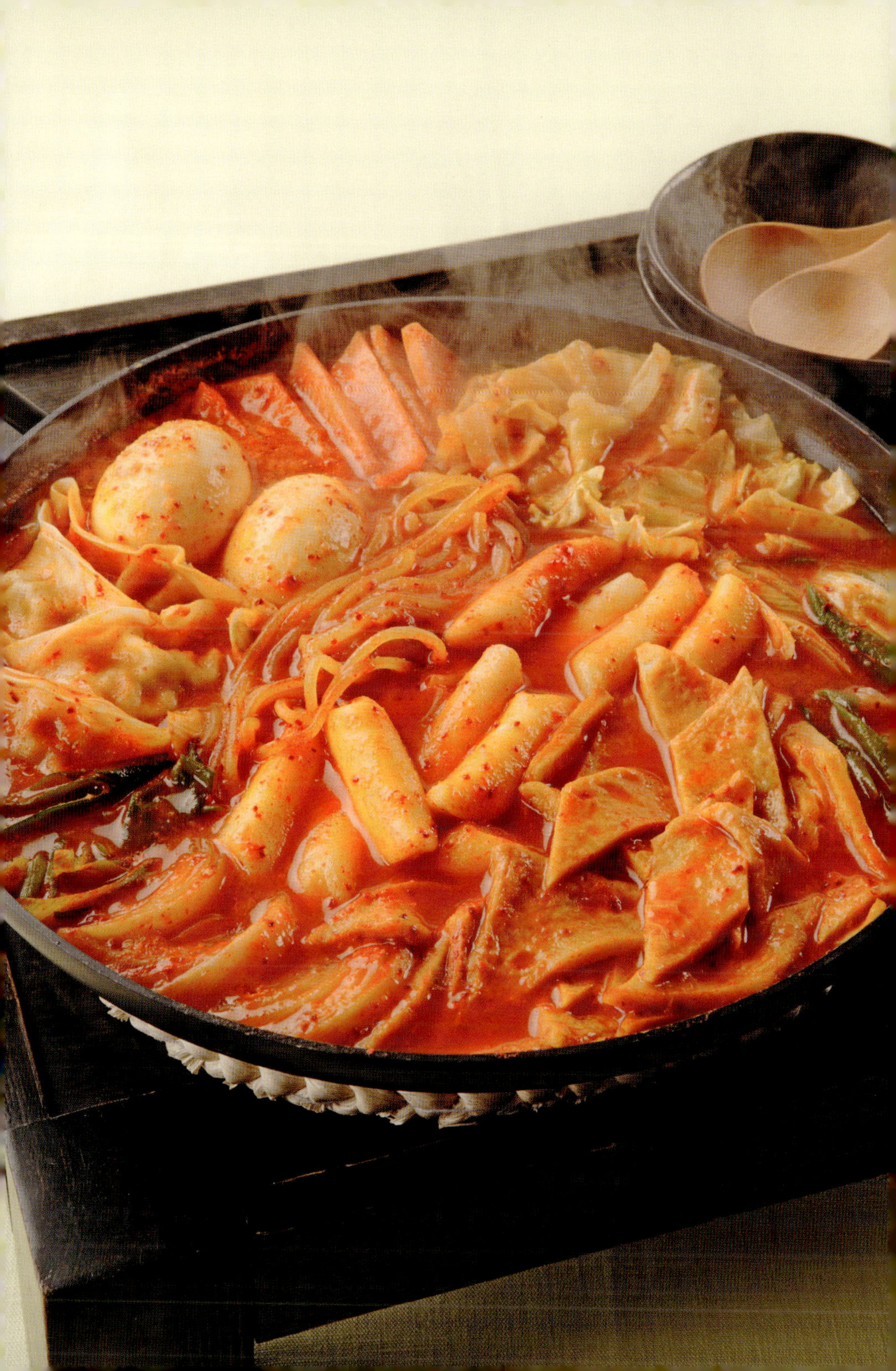

韓国の子供に大人気のおやつをアレンジ
# 揚げトッポギの甘辛ソース

材料（2人分）
- トッポギ　80g
  （市販の6cmのもの8本）
- ウインナソーセージ　2本
- アーモンド、かぼちゃの種、黒ごま
  など好みのナッツ類　適量
- 揚げ油　適量
- 10cmの串　2本
- ヤンニョム
    コチュジャン大さじ1
    玉ねぎの搾り汁小さじ1
    砂糖小さじ1/2
    水あめ小さじ1/2
    ごま油小さじ1/2
    にんにくのみじん切り小さじ1/8
    水大さじ1

1　トッポギはさっとゆでて水気をきる。
2　フライパンにごま油以外のヤンニョムの材料を入れて煮詰め、最後にごま油を混ぜる。
3　アーモンド、かぼちゃの種などのナッツ類は刻む。
4　10cmの串2本それぞれにトッポギ2本、ウインナ、トッポギ2本の順に刺す。
5　揚げ油を160〜170℃に熱し、串をこんがりと揚げる。
6　2のヤンニョムを塗ってナッツ類をふる。

**point**　表面をカリッと揚げるとおいしい。温かいうちにヤンニョムを塗りましょう。辛い味が苦手な人は、コチュジャンの量を減らしてケチャップで。

Part 3　私のトッポギ 私の味

トッポギとスンデを組み合わせて
# スンデ野菜炒め

### 材料（2人分）
- トッポギ　200g
  （市販の6cmのもの20本）
- スンデ　150g
- 玉ねぎ　1/3個
- えごまの葉　10枚
- 長ねぎ　1/2本
- 赤唐辛子　1/2個
- えごま油（なければごま油）　大さじ1
- ヤンニョム
  コチュジャン大さじ2
  煮干しだし大さじ2
  唐辛子の粉大さじ1
  しょうゆ大さじ1
  砂糖大さじ1
  にんにくのみじん切り小さじ1

※スンデは豚の腸に、豚の血液、餅米、刻んだ香味野菜、タンミョンなどを入れて蒸した、ソーセージ風の食べ物。

1　トッポギは塩ゆでし、水気をきる。
2　スンデは500wの電子レンジで1分間加熱して、輪切りにする（写真①）。 
3　玉ねぎ、えごまの葉（飾り用に少し残す）は1cm幅に切り、長ねぎ、赤唐辛子は斜めに切る。
4　ヤンニョムの材料を混ぜ合わせる。
5　フライパンにえごま油大さじ1弱を熱し、玉ねぎ、長ねぎ、赤唐辛子を炒める。
6　1、2、4を加えて炒め合わせ、最後にえごまの葉と残りのえごま油を混ぜる（写真②）。皿に盛って、えごまの葉のせん切りをのせる。

**point**　スンデが破れないよう炒めましょう。電子レンジで加熱すると、破れにくくなります。

懐かしいソウル・トンイン市場の名物風に
# 油トッポギ

材料（2人分）
- トッポギ　200g
  （市販の6cmのもの20本）
- サラダ油　小さじ1
- ヤンニョム
  　細かい唐辛子の粉大さじ1
  　コチュジャン大さじ1
  　サラダ油大さじ1
  　砂糖大さじ1/2
  　水あめ大さじ1/2
  　しょうゆ大さじ1/2
  　にんにくのみじん切り小さじ1

1　トッポギはさっとゆでて、水気をきる。
2　ヤンニョムの材料を混ぜ合わせる。
3　フライパンにサラダ油を熱し、トッポギを転がしながら表面がカリッとするまで炒める。
4　2を加え、弱火で炒める。

**point** 唐辛子の粉は強火で炒めるとすぐ焦げるので、弱火でよく混ぜながら炒めます。

食感の違いを楽しむ
# 三色のり巻き揚げ

材料（2人分）
- トッポギ　80g
　（市販の6cmのもの8本）
- かにかまぼこ　3本
- チーズ　4×4×2cmのもの2個
- のり　2枚
- 卵　1個
- 小麦粉　大さじ1
- パン粉　大さじ2
- 揚げ油　適宜
- ソース
　マヨネーズ大さじ2
　酢小さじ1
　砂糖小さじ1
　玉ねぎのみじん切り小さじ1
　パセリのみじん切り小さじ1/2

1 トッポギはさっとゆでて水気をきる。
2 チーズはトッポギと同じ大きさに切る。
3 のり1枚を3等分してトッポギ、かにかまぼこ、チーズをそれぞれ巻く。
4 のり1枚に3を並べて巻き、小麦粉、溶き卵、パン粉の順番に衣をつける。
5 揚げ油を160〜170℃に熱して40秒ぐらい揚げて、油をきる。
6 ソースの材料を混ぜて5につけて食べる。

**point** 揚げたてを切るとチーズがとろけて出てしまいます。少し置いてから切りましょう。

## 李 進鎬 イ・ジンホ

幼いころ、オモニからご褒美にもらった餅のおいしさは忘れられません。餅は生活の一部でした。レストランのメニューに、よりおいしい餅料理を入れようと研究するうち、日本ではトッポギの知名度が高く、特に女性向けの人気メニューになり得ることに気がつきました。韓国伝統の味を日本人の口に合うようにアレンジしたものをご紹介します。

1971年東京生まれ。父の故郷である慶尚南道と東京の2つの故郷を思い、2003年株式会社アラリ・ジャパンを設立。飲食ビジネスを通して日本と韓国の架け橋になる活動を手がける。2011年地元埼玉の野菜を韓国料理に取り入れ第8回埼玉県B級グルメ王決定戦優勝。現在は埼玉や都内に韓国料理店を展開する。

### トッポギの淡白な味が肉とぴったり
# プルコギトッポギ

材料（2人分）
- トッポギ　100g
  （市販の6cmのもの 10本）
- 牛ばら薄切り肉　100g
- 玉ねぎのみじん切り　大さじ2
- 玉ねぎ　1/4個
- 長ねぎ（緑の部分）　1/4本
- じゃが芋　1個
- キャベツ　1/6個
- しいたけ　2個
- サラダ油　大さじ1/2
- ヤンニョム
  　しょうゆ大さじ2
  　砂糖大さじ1
  　みりん大さじ1
  　酒大さじ1
  　ごま油大さじ1
  　ごま大さじ1
  　万能ねぎの小口切り大さじ2
  　にんにくのすりおろし小さじ1
  　こしょう少々

1 トッポギは塩ゆでして水気をきる。
2 牛肉はキッチンペーパーでふいてから一口大に切る。
3 玉ねぎのみじん切りを、牛肉の表面に塗り込む（写真①）。
4 ヤンニョムの材料を混ぜ合わせて、半量を牛肉に加えて下味をつける（写真②）。
5 野菜はすべて食べやすい大きさに切る。じゃが芋は500Wの電子レンジで3分加熱する。
6 フライパンに油を熱して牛肉、トッポギの順に炒め、水1/2カップを入れて沸騰したら弱火で煮る。野菜を加えて炒め合わせ、残りのヤンニョムを加えて全体に火を通す。

**point** 玉ねぎを肉に塗り込むと、臭みがとれてやわらかくなります。

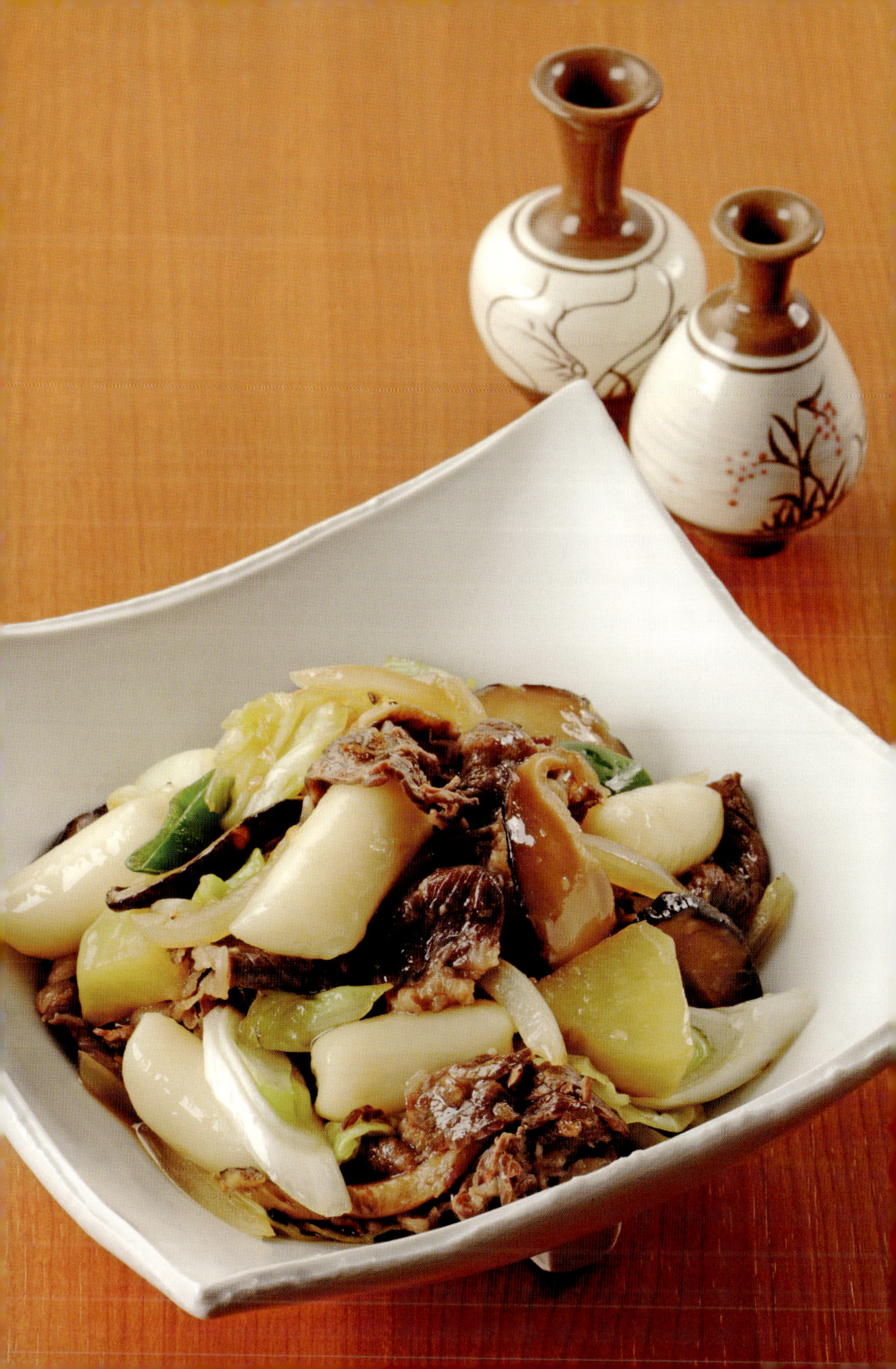

もちもち感とご飯がよく合う
# トッポギキムチ炒飯

材料（2人分）
- トッポギ　120g
  （市販の6cmのもの 12本）
- キムチ　100g
- 玉ねぎ　1/2個
- 小松菜　50g
- 長ねぎ　1/4本
- ご飯　茶碗1杯
- 塩　小さじ1/2
- サラダ油　大さじ1/2
- ヤンニョム
  しょうゆ大さじ1
  砂糖大さじ1
- ごま油　大さじ1/2
- ごま　大さじ1

1 トッポギは2cm長さに切って、水に浸しておく。
2 キムチは細かく切って水気をきる。玉ねぎはみじん切りにする。
3 小松菜、長ねぎは食べやすい大きさに切る。
4 トッポギの水気をきり、ご飯と一緒にボウルに入れ、塩で下味をつける。
5 フライパンにサラダ油を熱して 2 を炒め、火が通ったらヤンニョムを加え 4 を入れて炒め合わせる。
6 3 を加えてさらに炒め、最後にごま油とごまを混ぜる。

**point** 最初にキムチを炒めることで、全体の味がまろやかになります。

たっぷりのにんにくが風味を増す

# 鶏とにんにくの照り焼き風味炒め

材料（2人分）
- トッポギ　100g
　（市販の6cmのもの10本）
- 鶏もも肉　100g
- にんにく　5片
- 長ねぎ　1本
- サラダ油　大さじ1/2
- トッポギ下味用ヤンニョム
　（ごま油小さじ1　塩小さじ1/3）
- 鶏もも肉下味用ヤンニョム
　（塩小さじ1　にんにくのみじん切り小さじ1/4　こしょう少々）
- 照り焼きソース
　（しょうゆ大さじ1　みりん大さじ1　酒大さじ1　削り節10g）

1　トッポギは塩ゆでして水気をきり、下味をからめる。
2　鶏もも肉は洗って一口大に切り、下味をもみ込む。（写真①）
3　にんにくは厚めの輪切り、長ねぎは2cm幅に切る。
4　照り焼きソースを作る。水1/2カップ強を煮立て、削り節を入れて（写真②）こし、調味料を加えて少し煮詰める。
5　フライパンに油を熱し、にんにく、長ねぎ、鶏肉、トッポギの順に加えて炒め合わせ、4のソースを味を見ながら加えていく。

**point**　照り焼きソースはとろみが出るまで煮詰めます。このソースはほかの肉料理にも使えます。

パスタ感覚でイケる！
# 野菜たっぷりカルボナーラ風

### 材料（2人分）
- トッポギ　140g
  （市販の6cmのもの14本）
- ベーコン　2枚
- マッシュルーム　3個
- ピーマン　1/2個
- 赤ピーマン　1/2個
- 牛乳　1/2カップ
- 生クリーム　1/4カップ
- にんにくのすりおろし　小さじ1/2
- パルメザンチーズ　小さじ1
- 塩　少々
- こしょう　少々

**1** トッポギは水に30分ほど浸し、水気をきる。
**2** ベーコンは2cm幅に切る。
**3** マッシュルームは半分に切り、ピーマン、赤ピーマンは細切りにする。
**4** フライパンを熱して **2** を炒め、にんにくを加えて香りが出たら **3** を炒め合わせる。牛乳と生クリーム、トッポギを加えて弱火にして少し煮詰め、塩、こしょうで味付けをし、パルメザンチーズを加える。

**point** 牛乳を加えるときにトッポギも一緒に加えると、まろやかになり味がよくしみます。

Part 3　私のトッポギ 私の味

チャンジャで簡単、深い味わいに
# 肉野菜のチャンジャ炒め

材料（2人分）
- トッポギ　100g
 　　（市販の6cmのもの10本）
- チャンジャ　大さじ2
- 豚肉　50g
- 白菜　2枚
- 玉ねぎ　1/4個
- じゃが芋　1個
- 長ねぎ　少々
- トッポギ下味用ヤンニョム
 　　（ごま油小さじ1　塩小さじ1/2）
- サラダ油　大さじ1/2
- 鶏がらスープ　1/2カップ
- にんにくのすりおろし　小さじ1/2
- しょうがのすりおろし　小さじ1/4
- すりごま　少々
- ごま油　大さじ1

※チャンジャはたらの胃袋で作った韓国の塩辛。

1　トッポギはゆでて冷水で洗い、水気をきり、下味をからめる。
2　豚肉は2cm角に切る。
3　白菜、玉ねぎ、じゃが芋は大きめに切る。
4　フライパンにサラダ油を熱し、にんにく、しょうがを加えて2を炒める。肉の色が変わったら、3を加えて炒め合わせる。
5　鶏がらスープを加えてゆっくり煮込む。煮汁が少なくなったら、チャンジャを混ぜ、すりごまとごま油を加えて火をとめる。
6　器に盛って長ねぎのせん切りをのせる。

**point**　チャンジャによって塩辛さが違います。足りなければ、最後に塩をちょっと加えます。

119

高 仁淑 コウ・インスク

普段から来客が多い我が家では、大人数で楽しめる中華風の料理が頻繁に顔を出します。トッポギは中華料理の香味野菜や味付けにもよく合うので、たっぷり作って大皿に盛ると大変豪華でパーティ料理にもぴったりです。

東京都出身。大学卒業後、情報誌の営業に携わっていたが、結婚後は子育てや家事中心の生活を送ってきた。数年前、趙善玉料理研究院のトック教室で先生の作るお餅の美しさに魅了され、将来孫のトルチャンチ（韓国の1歳の誕生日）の祝い膳に数々の餅を並べることを目標に勉強を積んでいる。

豪華でおもてなし料理にぴったり

# かきのオイスターソース炒め

材料（2人分）
- トッポギ　120g
  （市販の6cmのもの12本）
- かき（大粒のもの）　200g
- 青梗菜　1株
- にんにくのすりおろし　大さじ1
- サラダ油　1/2カップ
- 片栗粉　1/2カップ
- トッポギ下味用ヤンニョム
  ごま油小さじ1
  塩小さじ1/4
- 味付け用ヤンニョム
  オイスターソース大さじ2
  砂糖大さじ1
  ごま油小さじ1

1 トッポギはやわらかくゆでて水にさらし、水気をきって下味をつける。
2 かきは塩（分量外）でもみ、水洗いしてざるに上げ、冷蔵庫で1時間ほど水気をきる。
3 青梗菜は根元に十文字の切り目を入れ（写真①）、塩とサラダ油各少々（ともに分量外）を入れた熱湯で下ゆでする。
4 かきににんにくをからめ、片栗粉をまぶし、サラダ油で両面を焼く（写真②）。
5 味付け用ヤンニョムに水1/2カップを加えて沸騰させ、1と4を入れて味をなじませ火をとめる。皿に盛り、3を裂いて添える

point　水きりしたかきは、さらにペーパータオルで水気をふくと油飛びが少なくカリッと焼けます。

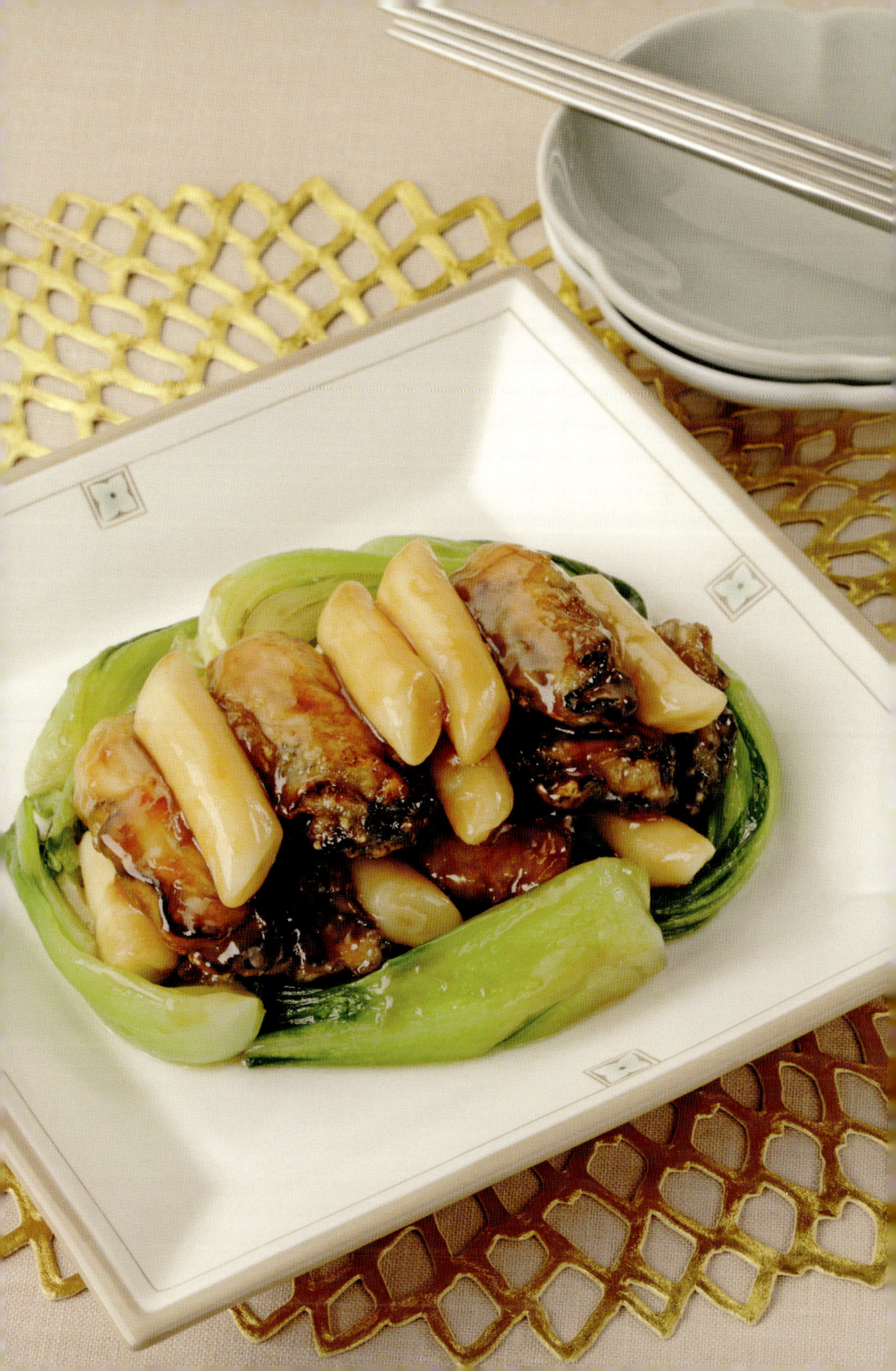

<small>ゆず風味の甘酢がよく合う</small>

# ごまトッポギの中華風なますのせ

材料（2人分）
- トッポギ　100g
  （市販の6cmのもの 10本）
- 大根　1/3本
- にんじん　中1/2本
- ザーサイ（瓶詰めでもよい）　50g
- 白ごま　1/4カップ
- 塩　小さじ1
- トッポギ下味用ヤンニョム
  （ごま油小さじ1　塩小さじ1/5）
- 甘酢用ヤンニョム
  酢大さじ4
  砂糖大さじ1
  ごま油小さじ1
  鷹の爪（種を取り小口切り）少々
  ゆずの皮のせん切り少々

1　トッポギはやわらかくゆでて水にさらし、水気をきって下味をつける。
2　大根、にんじんはせん切りにする。
3　ザーサイもせん切りにする。
4　2に塩をまぶしよく混ぜ、10分間置いてしんなりしたら水で洗い、水気をしっかり絞る。ザーサイは水に10分ほど浸けて塩気を抜き、同様に水で洗い水気を絞る。
5　4に甘酢をからめてなますにし、冷蔵庫で冷やしておく。
6　白ごまをフライパンで軽く炒り、トッポギの半分にまぶす。
7　器にごま付き・ごまなしのトッポギをセットで並べ、その上に5をのせる。

**point**　なますは冷蔵庫でよく冷やすと、ゆずの香りや酢の酸味が際立っておいしくなります。たっぷり作って常備菜にしてもよいでしょう。

## Part 3　私のトッポギ 私の味

れんこんのとろみに心もほっとする
# おろしれんこんのスープ

### 材料（2人分）

- トッポギ　100g
  （市販の6cmのもの10本）
- れんこん　250g
- 鶏もも肉　1枚
- しょうがの薄切り　4〜5枚
- 長ねぎ（青い部分）　1本分
- 白きくらげ　少々
- 万能ねぎ　少々
- 塩　適宜
- ゆずこしょう　適宜

1　鍋に水8カップと鶏もも肉、しょうが、長ねぎを入れて強火で30分ほど煮てスープを作り、鶏もも肉、しょうが、ねぎを鍋から取り除く。
2　れんこんは皮をむいてすりおろす。水で戻した白きくらげは石づきを切ってみじん切りにする。
3　1の鶏肉を薄く切る。
4　1のスープを沸騰させ、2とトッポギを加えて数分火を通したら、塩とゆずこしょうで味を調える。
5　器にトッポギとスープを入れ、鶏肉適量と小口切りした万能ねぎをのせる。

**point**　れんこんの量を調整して好みのとろみに。残った鶏肉を使って、もう一品サラダを加えてみてはいかがでしょう。

ボリューム感満点の一品
# 肉だんごと野菜のとろみ炒め

材料（2人分）
- トッポギ　140g
　（市販の6cmのもの14本）
- 合びき肉　230g　・もやし　250g
- 干ししいたけ　2枚　・ピーマン　1個
- パプリカ（赤）　1/3個
- にんにくのみじん切り　1片分
- 白ごま・黒ごま　各少々
- サラダ油　適量
- トッポギ下味用ヤンニョム
　（ごま油小さじ1　塩小さじ1/4）
- 合びき肉下味用ヤンニョム（卵1個　長ねぎのみじん切り大さじ2　にんにくのみじん切り小さじ2　塩少々　黒こしょう　少々）
- ソース用ヤンニョム（鶏ガラスープ1/4カップ　ケチャップ大さじ2　オイスターソース大さじ1　砂糖・片栗粉各小さじ1　ラー油適宜）

1　トッポギはゆでて下味をつける。
2　もやしは根と芽を取り除く。干ししいたけは水で戻して軸を除き、パプリカ、ピーマンとともに細切りにする。
3　合びき肉にヤンニョムを入れよく練り、水大さじ1弱を加え粘りが出るまでさらに練る（写真①）。
4　10個のだんごにし、フライパンに1cmほどのサラダ油を熱し弱火で転がし火を通す。
5　ソースの材料をよく混ぜておく。
6　サラダ油でにんにくを炒め、香りが出たら2をサッと炒め、4と5を入れてよくからめ火を消す（写真②）。
7　器に盛ってごまをふる。

**point** 野菜はシャキシャキ感が残るように強火で手早く炒めます。

Part 3　私のトッポギ 私の味

彩り鮮やかで食欲をそそる
# 卵とえびとトマトの炒め物

材料（2人分）
- トッポギ　140g
  （市販の6cmのもの14本）
- えび　6尾
- トマト（中）　1個
- 卵（Lサイズ）　4個
- 帆立貝缶詰（小）　1缶
  （缶汁は半分使用）
- かいわれ菜　少々
- 酒　少々
- 塩　適量
- ごま油　小さじ1
- サラダ油　大さじ3
- トッポギ下味用ヤンニョム
  （ごま油小さじ1　塩小さじ1/4）

1 トッポギはゆでて下味をつける。
2 えびは背わたを取って水洗いし、水気をきって皿にのせ酒をふりかける。ふんわりラップをして500Wの電子レンジで1分ほど熱を通し、塩を一つまみ加え下味を付ける。
3 トマトはヘタを取り除き、縦6等分にする。
4 卵に塩を一つまみと、ほぐした帆立貝と缶汁も入れてよくときほぐす。
5 サラダ油大さじ1を熱してえびを炒め、トマト、トッポギもサッと炒めて皿にとる。
6 再びフライパンにサラダ油大さじ2を強火で熱し、4の卵を流し入れ半熟気味にふんわりと焼き、5を加えて一気にかき混ぜて、香り付けにごま油を鍋肌から全体にたらして器にとり、かいわれ菜を添える。

**point** 卵は煙が出るくらい強火の油に一気に流し込み、箸で混ぜるとふんわりします。

「韓パラム」も太鼓判！
# 料理をおいしく！おすすめ食材

世界のコンクールでも認められた味と風味
## ドゥバイオの天然オイル

トッポギ料理にはごま油、えごま油がひんぱんに登場し、風味のいいかぼちゃの種油なども使われます。トッポギの淡白な味を補い、風味豊かに仕上げるには油の選び方がカギになります。「韓パラム」のメンバーがおすすめするのがドゥバイオの天然オイル。今回の撮影でも全員がこのオイルを使いました。原料は自然に育てられた韓国産食材が100％で、特許圧搾抽出方法により、味と栄養素を余すことなく引き出しています。健康によいのはもちろん、料理を引き立てる味わいと香りが際立ちます。2012年4月、フランスのパリで行われた「世界のオイル国際コンクール2012」で「ごま油」が金賞、「えごま油」が銀賞を受賞しました。1瓶180ml入り。

左から「かぼちゃ種油」トックとの相性が抜群の油。前立腺肥大に伴う症状などの治療にも使われてきた。2,500円 「卵黄油」レシチンがコレステロールを除いて血液循環をよくし、高血圧や動脈硬化、心臓病の改善が期待されている。3,800円 「ごま油」セサミンが肝臓を守り、ビタミンEが活性酸素を抑制。1,680円 「えごま油」体内では生成されない必須脂肪酸；オメガ3（α−リノレン酸）を60％含有。1,680円 「松の実油」韓国では松の実を不老長寿の食べ物としている。3,600円 ㈲ドゥバイオ・ジャパン
☎ 03-6803-0608  http://www.dubio.co.jp

いよいよ日本でも発売開始
## 韓国で断トツ人気のピョンヤン冷麺

韓国の「チョン・チョル故郷冷麺」という最高級の冷麺が発売されました。開発したのは韓国の有名コメディアンのチョン・チョルさん。チョンさんが故郷のピョンヤンの味を再現した冷麺は最高の味と品質を評価され、韓国で売り上げナンバーワン。コシのある麺は韓国一細い0.6㎜。スープはトンチミ（大根の水キムチ）味でこくがあるのにさっぱりしています。ビビン麺用には野菜で味を出したソースも販売されます。販売店舗や価格など詳しくは趙善玉料理研究院にお問い合わせください。

冷麺のプロモーションで来日

おいしくて安心！趙善玉手作りのオリジナル商品
# 万能エキスと韓国伝統餅

この本に何度も出てくる「エキス」はりんご、玉ねぎ、大根、バナナなどに同量の砂糖を加えて100日間発酵させた趙善玉オリジナルの酵素エキスです。発酵によって生まれた独特の旨みが、素材の味を生かしながらどんな料理もおいしく仕上げます。健康へのよい効果も期待できます。

120ml　840円

15cm 3,150円〜（予約販売）。サイズ、用途、値段などはご相談ください。趙善玉料理研究院 ☎ 03-6233-7867

韓国伝統の餅（トック）も販売しています。写真はその1つ「栄養チャルトック」という餅。もち米にかぼちゃ、なつめ、豆類、さつまいもを加えて蒸したものです。栄養満点で朝食代わりにもなる一品です。1個315円。米粉を使ったヘルシーな餅ケーキも販売しています。人工着色料は一切使わず、果物などから抽出した自然の色素で着色。保存料も一切使用していません。

## 韓国料理が基礎から楽しく学べる料理教室

趙善玉料理研究院では、初心者からプロを目指す人たちまで、たくさんの方々が韓国料理を学んでいます。さまざまなコースがあり、基礎からしっかり学べる3カ月完了の「基本コース」、日本では珍しいトック作りの教室、韓国ドラマに出た料理を学ぶクラス、キムチクラス、伝統宮廷薬膳クラスなど多彩な講座が選べます。韓国出身の先生ならではの「韓国語で学ぶ料理クラス」は、料理を学びながら韓国語も学べる一石二鳥のクラスです。日本語も混ぜますから、韓国語初心者の方も安心して参加できると大人気の講座です。この本を手がけた「韓パラム」のメンバーも足繁く教室に通い、韓国料理を極めようと修業に励んでいます。皆さんも一緒に学びませんか。

趙善玉料理研究院　〒160-0021 東京都新宿区歌舞伎2丁目42-16 第2大滝ビル3F　☎ 03-6233-7867　http://cho-sunok.com

※本ページの価格は全て税込み価格です。

## 趙 善玉（チョ・ソンオク）

韓国全羅北道金堤（キムジェ）市出身の料理研究家。1998年から日本で韓国料理研究家として基礎的な研究活動を始める。趙善玉料理研究院で料理教室を主宰するほか、韓国料理関連のイベントでの講師や料理監修、テレビ番組のレギュラー、雑誌、単行本などで活躍中。著書に『万能エキスでオンマごはん』（シンコーミュージック）、『趙善玉の誰でも作れる韓国トック』（HANA）、『いちばんやさしい韓国料理』（成美堂出版）など。

## 韓パラム

趙善玉料理研究院で韓国料理を学びながら、韓国料理研究家として活躍する人たち、研究家を目指す人たちで構成するグループ。メンバーは日本人、韓国人、在日韓国人であり、韓国料理へのきっかけも修業の年数も違うが、全員が韓国の料理・食文化をこよなく愛し、日本でのさらなる普及のために活動している。トッポギの本は活動の一環で、メンバー13人全員が一丸となって取り組んだ。

**趙善玉料理研究院** 〒160-0021 東京都新宿区歌舞伎2丁目42-16 第2大滝ビル3F
TEL：03-6233-7867　http://cho-sunok.com

---

## とっておき！トッポギ料理100

初版発行日　2013年10月11日

| | |
|---|---|
| 著者 | 趙 善玉（チョ・ソンオク）、韓パラム |
| 撮影 | 中川朋和（ミノワスタジオ） |
| ブックデザイン | 門口真樹（スタジオ・ゲイト） |
| 構成・編集 | 柴本淑子（バイタルネットワーク） |
| 校正 | 情報出版 |
| 印刷・製本 | 株式会社廣済堂 |

発行人　裵 正烈
発行　株式会社HANA
　　　〒102-0071 東京都千代田区富士見1-11-23
　　　TEL：03-6909-9380　FAX：03-6909-9388
　　　E-mail：info@hanapress.jp
発売　株式会社インプレスコミュニケーションズ
　　　〒102-0075 東京都千代田区三番町20番地
　　　TEL：03-5275-2442　FAX：03-5275-2444

■本の内容に関するお問い合わせ先
HANA 書籍編集部
TEL:03-6909-9380　FAX:03-6909-9388

■乱丁本・落丁本の取り替えに関するお問い合わせ先
インプレスコミュニケーションズ カスタマーセンター
TEL:03-5275-9051　FAX:03-5275-2443

©Cho Sunok 2013　Printed in Japan
ISBN978-4-8443-7574-6　C2077